Rome

D0911246

Libre Expression
Une société de Québecor Média

Gauche **Le Palatin** Droite **Piazza Navona**

Une société de Québecor Média

DIRECTION
Nathalie Bloch-Pujo

DIRECTION ÉDITORIALE
Cécile Petiau

RESPONSABLE DE COLLECTION
Catherine Laussucq

ÉDITION
Émilie Lézénès et Adam Stambul

TRADUIT ET ADAPTÉ DE L'ANGLAIS PAR
Jean-Yves Cotté, Dominique Brotot
et Géraldine Bretault

MISE EN PAGES (PAO)
Anne-Marie Le Fur

www.dk.com

Ce guide *Top 10* a été établi par
Reid Ramblett et Jeffrey Kennedy

Publié pour la première fois en
Grande-Bretagne en 2002 sous le titre :
Top 10 Rome

© Dorling Kindersley Limited, Londres 2014
© Hachette Livre (Hachette Tourisme) 2014
pour la traduction et l'édition française

© Éditions Libre Expression, 2014
pour l'édition française au Canada

Tous droits de traduction, d'adaptation
et de reproduction réservés pour tous pays.

IMPRIMÉ ET RELIÉ EN CHINE

Les Éditions Libre Expression
Groupe Librex inc.
Une société de Québecor Média
La Tourelle
1055, boul. René-Lévesque Est, Bureau 300
Montréal (Québec) H2L 4S5
www.edlibreexpression.com

DÉPÔT LÉGAL : Bibliothèque et Archives
nationales du Québec et Bibliothèque et
Archives Canada, 2014

ISBN 978-2-7648-1050-7

Sommaire

Rome Top 10

Rome thème par thème

Aussi soigneusement qu'il ait été établi,
ce guide n'est pas à l'abri
des changements de dernière heure.
Faites-nous part de vos remarques,
informez-nous de vos découvertes
personnelles: nous accordons la
plus grande attention au courrier
de nos lecteurs.

Le classement des différents sites est
un choix de l'éditeur et n'implique
ni leur qualité ni leur notoriété.

Abréviations : **EP** *Entrée payante* **EG** *Entrée gratuite*
C *Climatisation* **PC** *Pas de climatisation*

Gauche **Vue des toits** Droite **Le Campidoglio la nuit**

Visiter Rome

Mode d'emploi

Gauche **Intérieur du Panthéon** Droite **Église de Trinità dei Monti**

Abréviations : **j.f.** *jour férié* **f.** *fermé* **t.l.j.** *tous les jours*
AH *Accès handicapés* **PAH** *Pas d'accès handicapés*

ROME
TOP 10

ROME TOP 10

☊10 À ne pas manquer

Capitale européenne moderne et dynamique, Rome est unique sur le plan artistique. Vieille de plus de trois mille ans, la ville est un vaste musée où chaque quartier est rehaussé de vestiges et de monuments antiques, de riches musées et d'églises à l'architecture somptueuse. Elle abrite en son sein le Vatican, le plus petit État du monde, cœur de la religion catholique. Dotée d'un passé et de trésors exceptionnels, Rome ne cesse d'éblouir, de fasciner, d'inspirer.

Vatican
Cet État minuscule où réside le pape est l'un des musées les plus fascinants du monde avec son immense basilique et ses chefs-d'œuvre, comme le plafond de la chapelle Sixtine *(p. 8-13)*.

Panthéon
Le mieux conservé de tous les temples antiques est une merveille architecturale avec son immense coupole percée d'un vaste oculus central *(p. 14-15)*.

Forum romain
Cœur du pouvoir politique, judiciaire et économique de la Rome antique, le Forum est désormais un dédale de vestiges où surgissent arcs grandioses, colonnes solitaires, marbres sculptés et temples sacrés *(p. 16-19)*.

Galleria Borghese
Cette somptueuse villa et son parc magnifique furent dessinés par le neveu du pape Paul V. La villa abrite désormais un musée qui possède une splendide collection de peintures et de sculptures baroques *(p. 20-21)*.

Museo nazionale romano

Réparti sur plusieurs sites, ce musée présente des chefs-d'œuvre de l'Antiquité, notamment des sculptures classiques et des mosaïques remarquables (p. 28-31).

Colisée et forums impériaux

La Rome impériale fit ériger nombre de monuments majestueux, tel cet amphithéâtre impressionnant (p. 22-23).

Santa Maria del Popolo

Élevée sur un ancien sanctuaire, cette église abrite l'une des plus riches collections d'art Renaissance et baroque, comprenant des œuvres de Pinturicchio, de Raphaël, du Caravage et du Bernin (p. 32-33).

Villa Borghese

Galoppatoio

Campo Marzio

Ludovisi

PIAZZA DI SPAGNA

Sallustiano

4

PIAZZA BARBERINI

PIAZZA DELLA REPUBBLICA

Giardini del Quirinale

2

Pigna

Trevi

7

PIAZZA VENEZIA

Monte Capitolino

6

Campitelli

3

PIAZZA DEL COLOSSEO

5

Parco di Traiano

9 *LABICANA*

Monte Palatino

Parco del Celio

San Clemente

Avec ses passages secrets et ses légendes, cette église fascinante illustre l'histoire religieuse et artistique de Rome depuis l'Antiquité. L'exploration de ses différents niveaux est un véritable voyage dans le temps (p. 34-35).

Ostia Antica

Les vestiges fort bien conservés de l'ancien port de la Rome antique permettent d'appréhender très précisément l'architecture, l'économie et la vie quotidienne sous l'Empire romain (p. 36-37).

Musées du Capitole

Centre religieux de la Rome antique, le Capitole abrite aujourd'hui de nombreux trésors, des sculptures grecques du IVe s. av. J.-C. aux peintures révolutionnaires, voire scandaleuses, du Caravage (p. 24-27).

🔟 Vatican

Avec à peine 44 ha et quelque 450 citoyens, le Vatican est le plus petit État du monde. Cette théocratie gouvernée par le pape forme une enclave grandiose qui renferme la majestueuse basilique Saint-Pierre (p. 12-13), l'éblouissante chapelle Sixtine (p. 10-11), des jardins luxuriants, de superbes appartements décorés par Fra Angelico, Raphaël et Pinturicchio, ainsi qu'une dizaine de musées. Ces derniers abritent des antiquités égyptiennes, grecques, étrusques et romaines, des collections d'art paléochrétien et médiéval, d'art du XVe au XIXe s., sans oublier la collection d'art religieux moderne.

Cour intérieure du Vatican

❷ Vous trouverez un café dans les musées du Vatican, mais il est souvent bondé.

🕐 Quand le pape est au Vatican, les audiences pontificales se déroulent le mercredi matin. Réservez un billet à la Prefettura della Casa pontifivia (fax 06 6988 5863).

• Plan B2
• www.vatican.va
• musées et chapelle Sixtine : viale Vaticano 100 ; 06 6988 4947 ; ouv. lun.-sam. 8h30-18h (dern. entr. à 16h) et dern. dim. du mois 9h-14h ; f. les 1er et 6 janv., 11 fév., Pâques et lundi de Pâques, 1er mai, 29 juin, 14-15 août, 1er nov., 8, 25 et 26 déc. ; EP 16 €, étudiants ISIC et moins de 26 ans : 8 € ; AH partiel
• basilique : piazza San Pietro ; 06 6988 3731 ; ouv. t.l.j. 7h-19h sauf mer. 13h-19h ; basilique : EG ; trésor : EP 6 € ; coupole par les escaliers : EP 5 € ; coupole par l'ascenseur : EP 7 €.

À ne pas manquer

1 Chapelle Sixtine
2 Chambres de Raphaël
3 *L'Apollon du Belvédère*
4 *Transfiguration*, Raphaël
5 Chapelle de Nicolas V
6 *Laocoon*
7 *Descente de Croix*, le Caravage
8 Appartements Borgia
9 *Le Torse du Belvédère*
10 *Saint Jérôme*, Léonard de Vinci

Chapelle Sixtine
Réalisées par Michel-Ange, les fresques de la voûte *(à droite)* sont éblouissantes *(p. 10-11)*.

Chambres de Raphaël
Les appartements du pape Jules II furent décorés par Raphaël de 1508 à 1520. *L'École d'Athènes*, dans la stanza della Segnatura, illustre un débat entre philosophes grecs, incarnés par des contemporains de Raphaël, tel Léonard de Vinci en Platon barbu au centre.

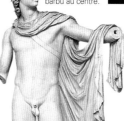

L'Apollon du Belvédère
Cette copie romaine d'une statue grecque du IVe s. av. J.-C. *(à gauche)* exprime l'idéal de la beauté classique. Le Bernin s'en serait inspiré *(p. 20-21)*.

Transfiguration, Raphaël
Raphaël avait presque achevé cette œuvre magistrale commencée en 1517 quand il mourut en 1520, âgé de 37 ans. Le Christ y apparaît aux apôtres dans toute la gloire de sa divinité *(ci-dessous)*.

Chapelle de Nicolas V
Dans cette petite chapelle, les fresques polychromes de Fra Angelico (1417-1450) évoquent Étienne et Laurent, des martyrs.

Plan du Vatican

Descente de Croix, le Caravage
La technique du clair-obscur souligne la composition originale et le sombre réalisme de cette œuvre (1604).

Le Torse du Belvédère
Cette magnifique sculpture du Ier s. av. J.-C. représente le torse du demi-dieu Hercule. Ses muscles saillants finement sculptés ont inspiré de nombreux artistes de la Renaissance, notamment Michel-Ange.

Appartements Borgia
C'est à la demande du pape Alexandre VI Borgia que Pinturicchio décora ces appartements de fresques somptueuses entre 1492 et 1495. Ils abritent désormais une partie de la collection d'art religieux moderne.

Saint Jérôme, Léonard de Vinci
Cette toile inachevée de Léonard de Vinci (vers 1480) est néanmoins un véritable chef-d'œuvre d'anatomie qui illumine la pinacothèque.

Suivez le guide
À 15 min à pied de la basilique Saint-Pierre, le Vatican compte dix musées en plus de la chapelle Sixtine et des appartements pontificaux. Pour n'en voir que les chefs-d'œuvre, commencez par la pinacothèque, à droite après l'entrée. Pour le reste, notamment la chapelle Sixtine, prenez à gauche.

Laocoon
Cette sculpture du Ier s. *(à droite)* est l'une des plus célèbres de l'Antiquité. Deux serpents étouffent le prêtre Laocoon et ses fils qui tentent d'avertir les Troyens de la terrible trahison des Grecs.

Gauche *La Création d'Adam* Droite *Le Prophète Ézéchiel*

Top 10 Fresques de la chapelle Sixtine

1 La Création d'Adam
Dieu transmet la vie à Adam, et Ève naît de sa côte.

2 La Genèse, Michel-Ange
Dieu sépare la lumière des ténèbres, crée le Soleil et la Lune, puis sépare la terre et les eaux. La représentation réaliste de Dieu frise le blasphème.

3 Le Sacrifice de Noé, le Déluge, l'Ivresse de Noé
Michel-Ange trouva ces trois scènes trop minutieuses une fois la voûte achevée, en l'observant depuis le sol.

4 Le Jugement dernier
Dans cette vaste fresque murale, les saints portent l'instrument de leur martyre : saint Barthélemy tient le couteau avec lequel il a été écorché vif.

5 Les Sibylles et les Prophètes
Tout autour de la voûte sont représentés sept prophètes hébreux et cinq sibylles qui ont prédit la venue du Christ.

6 Scènes de l'Ancien Testament
Au-dessus des fenêtres cintrées se trouvent les ancêtres du Christ attendant la délivrance. Aux quatre coins, des scènes de supplice et de combat.

7 Scènes de la vie du Christ
Sur le mur de droite, la *Purification du lépreux* de

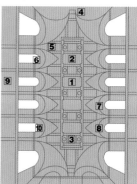

Plan de la chapelle Sixtine

Botticelli, la *Vocation des apôtres Pierre et André* de Ghirlandaio et le *Baptême du Christ* du Pérugin.

8 Le Christ remettant les clés à saint Pierre
C'est devant un décor classique, où chacun des trois plans est traité séparément, que le Christ confère son autorité spirituelle et temporelle à saint Pierre.

9 Scènes de la vie de Moïse
Sur le mur de gauche, on remarque des *Épisodes de la jeunesse de Moïse* de Botticelli et *Moïse remet son bâton à Josué* de Signorelli.

10 La Punition des rebelles, Botticelli
Alors que l'autorité sacerdotale d'Aaron commence à être contestée, Moïse, chef spirituel et temporel de son peuple, punit les opposants.

Autres chefs-d'œuvre romains p. 48-49

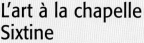

Grands peintres de la chapelle Sixtine

1 Michel-Ange (1475-1564)
2 Le Pérugin (vers 1448-1523)
3 Sandro Botticelli (1445-1510)
4 Domenico Ghirlandaio (1449-1494)
5 Luca Signorelli (vers 1445-1523)
6 Rosselli (1439-1507)
7 Fra Diamante (1430-1498)
8 Pinturicchio (1454-1513)
9 Piero di Cosimo (1462-1521)
10 Bartolomeo della Gatta (1448-1502)

L'art à la chapelle Sixtine

Peintes par les plus prestigieux artistes de la Renaissance, les fresques de la chapelle Sixtine présentent une histoire et un débat théologique complexe. Commandées en 1481-1483 par le pape Sixte IV, elles sont destinées à affirmer l'autorité – alors contestée – de ce dernier, en établissant le lien direct qui l'unit à Dieu. Dans le cycle de la vie de Moïse, La Punition des rebelles *représente Moïse et Aaron investis de l'autorité divine face aux opposants d'Aaron, symboliquement coiffé de la tiare papale. En face,* Le Christ remettant les clés à saint Pierre, *du Pérugin, crée un parallèle entre l'Ancien et le Nouveau Testament. Selon lui, le Christ a conféré le pouvoir temporel et spirituel à saint Pierre, dont les papes sont les successeurs. Les fresques de la voûte, de Michel-Ange (1508-1512), confirment ce parallèle en illustrant la Genèse, la Rédemption et le Salut.*

Le Péché originel
Dans un tableau de la Genèse, Michel-Ange montre Adam et Ève chassés du paradis terrestre pour avoir goûté le fruit défendu de l'arbre de la Connaissance.

Épisodes de la vie de Moïse, Sandro Botticelli

Rome Top 10

Gauche **Coupole** Droite **Baldaquin**

Chefs-d'œuvre de Saint-Pierre

Pietà
C'est en 1499, à 25 ans, que Michel-Ange a sculpté ce chef-d'œuvre exceptionnel *(p. 48)* : un groupe de marbre tout à la fois gracieux, mélancolique, majestueux et éthéré. Endommagée par un déséquilibré se prenant pour le Christ, en 1972, la sculpture est désormais protégée par une vitre blindée.

Coupole
En construisant la plus haute des coupoles romaines, Michel-Ange a veillé à ce que son diamètre (42 m) reste inférieur à celui de la coupole du Panthéon (43,30 m). Pour accéder à la terrasse du lanternon (132 m), empruntez l'ascenseur, puis l'escalier de 330 marches, qui grimpe entre les deux calottes de la coupole. La vue est sublime.

Place Saint-Pierre
Devant la basilique, la magnifique quadruple colonnade elliptique réalisée par le Bernin semble accueillir les arrivants *(p. 46)*. Malheureusement, en rasant le quartier médiéval du Borgo qui l'entourait pour percer la via della Conciliazione, Mussolini a anéanti l'éblouissante mise en scène conçue par l'artiste. L'obélisque vient d'Alexandrie.

Baldaquin
Qu'on le juge ostentatoire ou splendide, l'immense baldaquin du Bernin est impressionnant avec ses colonnes torses de 20 m de haut. Il a été réalisé, sur l'ordre du pape Urbain VIII, avec les plaques de bronze du portique du Panthéon que les Barbares eux-mêmes avaient épargné *(p. 38)*. La profanation de l'édifice valut au pape et à sa famille *(p. 51)* la célèbre pasquinade : « Ce que les Barbares n'ont pas fait, les Barberini l'ont fait ».

Statue de saint Pierre
Cette statue de bronze du XIIIe s., attribuée au sculpteur Arnolfo di Cambio, provient de la basilique médiévale. Située à l'extrémité de la nef, elle est vénérée des pèlerins, qui viennent baiser son pied.

Pietà, Michel-Ange

Trésor

Parmi les nombreux trésors conservés dans la basilique, on peut admirer la Croix vaticane (un bronze du VIe s.) et un ciborium sculpté par Donatello pour l'ancienne basilique (1432). Quant au monument funéraire de Sixte IV (1493), c'est une œuvre d'Antonio del Pollaiolo à l'effigie du pape, entouré des Vertus théologales et des Arts libéraux.

Monument d'Alexandre VII

Abside

L'exubérant vitrail baroque du Bernin (1666) représente le Saint-Esprit sous la forme d'une colombe au centre des rayons du soleil et d'une profusion d'anges sculptés. Ce vitrail illumine le trône de saint Pierre (1665), autre réalisation du Bernin, qui abrite les restes d'un siège épiscopal d'ivoire et de bois attribué à saint Pierre. Dans le chœur, à droite, se trouve le superbe monument d'Urbain VIII (1644), un marbre sculpté par le Bernin et inspiré des tombeaux des Médicis réalisés par Michel-Ange à Florence. À gauche, le monument de Paul III (XVIe s.) par Guglielmo della Porta.

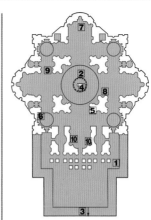

Plan de la basilique Saint-Pierre

Crypte

Sous la basilique se trouvent les Grottes vaticanes qui abritent des objets d'art de la première basilique et les tombeaux des papes. Le Mur rouge, qui aurait abrité la tombe de saint Pierre, y a été découvert dans les années 1940. L'édicule est couvert de graffitis médiévaux invoquant le saint.

Monument d'Alexandre VII

C'est l'une des dernières œuvres dessinées par le Bernin (1678). Le pape y est assis entre la Vérité, la Justice, la Chasteté et la Prudence. La foi imperturbable du pape en prière semble défier la Mort, symbolisée par un squelette rampant sous les draperies de marbre et agitant son sablier.

Piliers de la croisée du transept

Au Moyen Âge, une église se devait de posséder des reliques rapportées des croisades. La basilique Saint-Pierre conserve la lance de saint Longin qui perça le flanc du Christ sur la Croix, le voile dont sainte Véronique recouvrit le visage du Christ et un morceau de la Vraie Croix.

TOP10 Panthéon

Édifié dans sa forme actuelle par l'empereur Hadrien en 125, ce temple fut saccagé par les Barbares au Ve s. av. J.-C. Cette merveille de la Rome antique dut son salut à l'empereur byzantin Phocas qui l'offrit au pape Boniface IV en 608. Ce dernier le conserva en l'état et en fit l'église Sainte-Marie-des-Martyrs. Par la suite, l'empereur Constance II en retira les tuiles dorées puis, en 1625, le pape Urbain VIII utilisa les panneaux en bronze du plafond du portique pour fondre le canon du castel Sant'Angelo. Toutefois, ses proportions parfaites et son atmosphère unique demeurent, et le monument reste époustouflant.

Inscription d'Agrippa sur le fronton du Panthéon

🍴 À droite du Panthéon se trouve un bon glacier, la cremeria **Monteforte** *(p. 76)*. Sur la place, vous pourrez déguster un excellent café chez **Tazza d'Oro** *(p. 71)*.

☕ S'il pleut, rendez-vous au Panthéon pour voir l'eau tomber par l'oculus, éclabousser le pavement, former une flaque puis s'écouler. C'est encore mieux quand il neige !

- Piazza della Rotonda
- plan M3
- 06 6830 0230
- ouv. lun.-sam. 8h30-19h30, dim. 9h-18h (j.f. 9h-13h) ; messe : sam. 17h et dim. 10h30 ; f. 1er janv., 1er mai et 25 déc.
- EG.

À ne pas manquer

1 Coupole
2 Oculus
3 Portique
4 Porte
5 Murs
6 Tombeaux royaux
7 Tombeau de Raphaël
8 Fontaine
9 Décoration en marbre
10 Basilique de Neptune (vestiges)

Coupole
Avec ses 43,30 m de diamètre, c'est la plus grande coupole d'Europe *(ci-dessus)*. Composée de cinq rangées de caissons, elle est exactement égale à la hauteur de l'édifice. À son faîte, un oculus éclaire l'intérieur d'une lumière éthérée.

Oculus
Cette ouverture de 9 m de diamètre au centre de la coupole est une prouesse technique qui soutient la structure de l'ensemble et permet un éclairage naturel.

Portique
Ce portique *(ci-dessous)* est soutenu par 16 colonnes de granit à chapiteaux de marbre blanc. Les trois de gauche sont des copies.

Porte
Les battants de cette massive porte de bronze *(à droite)* seraient d'origine, malgré une refonte quasi totale lors de sa restauration par le pape Pie IV (1653).

Tombeau de Raphaël
Raphaël, emblème de l'art de la Renaissance à Rome, est inhumé dans un simple sarcophage antique de pierre. Au-dessus de son tombeau, à gauche du maître-autel, une niche abrite une *Vierge* de Lorenzetto (1520). D'autres artistes, tels Baldassare Peruzzi et Annibal Carrache, sont enterrés ici.

Fontaine
Cette belle fontaine (1575) de Giacomo della Porta *(ci-dessous)* fut ornée en 1711 d'un obélisque prélevé dans le temple d'Isis du Champ de Mars.

Décoration en marbre
L'intérieur du Panthéon est rehaussé de porphyre rouge, de *giallo antico* et autres marbres antiques. Si plus de la moitié des panneaux muraux poly-chromes sont d'origine, le pavement *(ci-dessous)* a été restauré.

Basilique de Neptune
De cette antique voisine ne subsistent qu'une corniche raffinée et des colonnes cannelées adossées au mur arrière du Panthéon.

Le premier Panthéon
Le premier Panthéon, érigé en 27 av. J.-C. par Marcus Agrippa, fut reconstruit en 125 par l'empereur Hadrien qui fit ajouter une imposante rotonde et graver sur le fronton « M Agrippa L F cos tertium fecit » (« Marcus Agrippa, fils de Lucius, consul pour la troisième fois, fit cela »). Élevée sur un perron et précédée d'une vaste place encadrée de portiques, la rotonde était invisible de l'extérieur, ce qui rendait l'intérieur encore plus majestueux. Les deux clochetons ajoutés au XVIIe s. par le Bernin ont été retirés en 1883.

Murs
Des briques prises dans la structure des murs, d'une épaisseur de 6,20 m, forment des arcs qui répartissent le poids de la coupole.

Tombeaux royaux
Le Panthéon abrite les sobres tombeaux des deux premiers rois d'Italie : Vittorio Emanuele II (1861-1878), qui unifia le pays, et son fils Umberto I, assassiné en 1900.

🔟 Forum romain

Quand on contemple aujourd'hui les vestiges du Forum, il est difficile d'imaginer qu'il fut le symbole de la puissance romaine pendant près d'un millénaire. Il y a trois mille ans, ce n'était que le cimetière marécageux d'un village situé sur le Palatin. Le Forum s'agrandit ensuite, toujours plus grandiose, avec la montée en puissance de Rome. Une fois les marais asséchés au VIᵉ s. av. J.-C., il joua un rôle essentiel dans la vie de la République. Il devint ensuite le décor somptueux de l'Empire à partir du règne d'Auguste, premier empereur, dont on dit qu'il transforma la ville de brique en ville de marbre.

La Curie

🍴 Si vous avez un petit creux, il n'y a pas d'autre choix que les marchands ambulants. Pour un repas plus conséquent, rendez-vous dans l'un des cafés et restaurants de la via Cavour.

⏱ En été, pour éviter la chaleur, mieux vaut visiter le Forum tôt dans la matinée ou en fin d'après-midi.

• Via dei Fori Imperiali
• plan P4
• 06 3996 7700
• ouv. 1ᵉʳ nov.-15 fév. : t.l.j. 8h30-16h30 ; 16 fév.-15 mars : t.l.j. 8h30-17h ; 16 mars-30 mars : 8h30-17h30 ;1ᵉʳ avr.-31 août : t.l.j. 8h30-19h15 ; sept. : t.l.j. 8h30-19h ; oct. : t.l.j. 8h30-18h30 ; f. 1ᵉʳ janv. et 25 déc.
• forum : EP 12 € (billet valable 2 jours, Palatin et Colisée inclus) ; EG pour les ressortissants de l'UE de moins de 18 ans et de plus de 65 ans.

À ne pas manquer

1. Arc de Septime Sévère
2. Temple de Vesta et maison des Vestales
3. La Curie
4. Temple de Castor et Pollux
5. Arc de Titus
6. Basilique de Maxence et Constantin
7. Temple de Vespasien
8. Via Sacra
9. Temple de Saturne
10. Temple d'Antonin et Faustine

Arc de Septime Sévère

Cet arc de triomphe fort bien conservé *(ci-dessous)* célèbre les victoires de l'empereur sur les Parthes. Il fut élevé en 203 par ses fils Geta et Caracalla, alors coempereurs.

Temple de Vesta et maison des Vestales

Ce temple rond et élégant ainsi que la maison contiguë *(à droite)* étaient le centre de l'un des cultes romains les plus respectés. Ses prêtresses, les vestales, étaient les gardiennes du feu sacré.

La Curie

Au IIIᵉ siècle, le Sénat s'y réunissait. On voit encore la tribune et les gradins où prenaient place les 300 sénateurs, mais le dallage polychrome a été restauré. On y admire encore deux bas-reliefs en marbre datant du IIᵉ s à la gloire de l'empereur Trajan.

Autres sites antiques p. 40-41

4 Temple de Castor et Pollux

Trois colonnes corinthiennes subsistent de ce temple dédié aux Dioscures, fils jumeaux de Jupiter et de Léda et frères d'Hélène. Le temple fut élevé à l'endroit où ils apparurent, en 499 av. J.-C., pour annoncer une victoire décisive.

Forums impériaux

voir p. 23

VIA DEI FORI IMPERIALI

Plan initial du Forum romain

6 Basilique de Maxence et Constantin

Trois hautes arcades colossales *(ci-dessous)* témoignent de ce qui fut le plus grand édifice du Forum. Construite vers 315, la basilique servait au commerce et à la justice.

7 Temple de Vespasien

Jusqu'au XVIIIe s., ces trois élégantes colonnes corinthiennes étaient presque enfouies. Le temple fut édifié en 79 par Domitien en l'honneur de son père Vespasien et de Titus, son frère.

9 Temple de Saturne

Il reste huit colonnes ioniques en granit du temple érigé en l'honneur de Saturne, dieu de l'Agriculture qui fit régner l'âge d'or. Le trésor de l'État y était conservé. Le 17 décembre, les saturnales célébraient la fin de l'année.

10 Temple d'Antonin et Faustine

Construit en 141 par Antonin le Pieux en l'honneur de son épouse Faustine, c'est l'un des temples les mieux conservés *(au centre)*. C'est aussi l'un des plus étranges, avec son fronton baroque. Des griffons sont sculptés sur la frise latérale.

Suivez le guide

On accède à l'entrée principale du Forum par la via dei Fori Imperiali. Mais pour avoir une vue splendide de tout le site, on peut y accéder par d'autres entrées. Au nord-ouest, partez du Capitoline (à droite et derrière l'immense monument de Vittorio Emanuele II) et prenez l'escalier qui part du largo Romolo e Remo. Au sud-est, partez du Colisée *(p. 22)* et grimpez la petite colline jusqu'au nord-ouest. On peut également entrer par l'arc de Titus qui est aussi près de l'entrée principale du Palatin.

5 Arc de Titus

Le plus ancien arc de triomphe existant *(ci-dessus)* fut érigé en 81 par l'empereur Domitien pour célébrer la prise de Jérusalem par Titus, son frère. Les bas-reliefs illustrent le sac de la ville et le cortège qui rapporte les dépouilles du temple de Salomon, dont une superbe menora en or.

8 Via Sacra

Pavée de pierres de basalte larges et plates, la plus ancienne rue de Rome passe sous l'arc de Titus, traverse le Forum et monte sur la colline du Capitole. C'est cette voie prestigieuse qu'empruntaient les processions et les défilés triomphants des grands généraux vainqueurs.

Gauche **Jardins Farnese** Centre **Relief de stuc, Cryptoportique** Droite **Domus Flavia**

Les plus beaux vestiges du Palatin

Domus Flavia
Cet édifice imposant abritait la partie officielle de l'immense palais impérial entrepris par Domitien en 81. On aperçoit encore une fontaine octogonale.

Maison de Livie
Cette maison du Ier s. av. J.-C. faisait probablement partie des appartements privés de la résidence d'Auguste et de Livie, sa seconde épouse. Très belles fresques et mosaïques.

Musée du Palatin et Antiquarium Forense
Situé dans un ancien couvent, ce musée abrite une riche collection d'objets de la Rome antique (poteries, statues, graffitis, etc.) et de très belles mosaïques, retrouvés dans des fouilles.

Village préhistorique
Les traces de trois huttes datant du IXe s. av. J.-C. ont été mises au jour dans les années 1940. Selon la légende, ce minuscule village aurait été fondé par Romulus *(p. 38)*.

Stade
Si sa forme est celle d'un cirque, il s'agit en fait d'un vaste jardin d'agrément qui communiquait avec le palais de Domitien.

Domus Augustana
De la partie privée de l'immense palais impérial de Domitien ne subsistent que de massives fondations voûtées.

Plan du Palatin

Temple de Cybèle
Ce temple dédié à Cybèle, ou *Magna Mater*, déesse phrygienne de la Fertilité, est le premier culte oriental introduit à Rome vers 200 av. J.-C. Il abritait un bétyle noir, une pierre sacrée, emblème phallique de la déesse.

Jardins Farnese
Créés sur les ruines du palais de Tibère par Vignola, au XVIe s., pour le cardinal Alexandre Farnèse, ces jardins abritaient le premier jardin botanique du monde et d'élégants pavillons.

Cryptoportique
Cette galerie souterraine voûtée de 130 m de long était ornée d'élégants reliefs de stuc. Construite par Néron, elle reliait la Domus Aurea *(p. 23)* au Palatin.

Domus Septimus Severus
Ces arcades colossales soutenaient les constructions ajoutées par Septime Sévère à la Domus Augustana au IIe s. apr. J.-C.

Croyances romaines antiques

Les thermes

Au centre de la vie sociale, les thermes étaient grandioses, comme en témoignent les vestiges *(ci-dessous)* de ceux de Caracalla *(p. 119).*

Journée d'un citoyen de Rome

La majorité des Romains vivaient dans des insulae, des immeubles de six étages où les plus pauvres habitaient les étages supérieurs. Un citoyen romain moyen se levait avant l'aube, revêtait sa toge et déjeunait d'un verre d'eau. Il parcourait ensuite les rues déjà bruyantes et animées. Il s'arrêtait d'abord aux latrines publiques où il discutait avec ses voisins. Il se rendait ensuite chez son protecteur qui lui versait son traitement quotidien. À midi, il déjeunait de pain et de vin. Ce n'est qu'en fin d'après-midi qu'il se rendait aux thermes pour rencontrer ses amis. Il s'y attardait jusqu'à l'heure du dîner, lisant, discutant ou faisant du sport. Le dîner, le repas principal, se prenait allongé sur des banquettes et était servi par des esclaves. Venait enfin l'heure de se coucher. Les femmes dirigeaient la maisonnée et ne sortaient que pour aller aux thermes.

Toge romaine

🔟 Galleria Borghese

Le musée est certes petit, mais il est d'une grande richesse artistique. Il possède une belle collection de sculptures et de peintures, notamment des œuvres du Caravage et nombre des plus belles sculptures du Bernin. Il est situé dans une magnifique villa du XVIIᵉ s. nichée dans un vaste parc tout aussi splendide. L'ensemble a été conçu par le cardinal Scipione Borghese, neveu du pape Paul V. Ce mécène passionné d'art baroque, protecteur du Bernin et du Caravage, y a réuni l'une des plus belles collections privées de la ville.

David, le Bernin

Cette œuvre du Bernin (1623-1624) *(ci-dessus)* est le pendant baroque de la sculpture Renaissance de Michel-Ange. C'est aussi un autoportrait.

Façade de la galleria Borghese

☕ Il y a un café au rez-de-chaussée du musée, mais le caffè delle Arti (06 3265 1236) à la galleria nazionale d'Arte moderna, à deux pas, jouit d'une belle vue sur un parc.

🕐 Réservez pour visiter la galerie. Achetez votre billet plusieurs jours, voire quelques semaines à l'avance. Attention, le temps de visite est limité.

• Villa Borghese, derrière la via Pinciana • plan E1 • 06 32810 • ouv. mar-dim. 9h-19h ; f. 1ᵉʳ janv., 24, 25 et 31 déc. • www.galleriaborghese.beniculturali.it • www.ticketeria.it (pour les rés.) • EP 11 € ; 6,50 € pour les ressortissants de l'UE de 18-25 ans ; 2 € pour les étudiants, les journalistes, les ressortissants de l'UE de moins de 18 ans et de plus de 65 ans (2h de visite max.).

Les chefs-d'œuvre

1. *Apollon et Daphné*, le Bernin
2. *L'Enlèvement de Proserpine*, le Bernin
3. *David*, le Bernin
4. *La Madone des palefreniers*, le Caravage
5. *Pauline Bonaparte*, Canova
6. *Le Petit Bacchus malade*, le Caravage
7. *La Mise au tombeau*, Raphaël
8. *Énée et Anchise*, le Bernin
9. *L'Amour sacré et l'Amour profane*, le Titien
10. *Danaé*, le Corrège

1 Apollon et Daphné, le Bernin

Ce superbe marbre (1622-1625) figure la métamorphose de la nymphe Daphné en laurier au moment où Apollon la rattrape *(à droite)*.

2 L'Enlèvement de Proserpine, le Bernin

Le Bernin avait 23 ans quand il a sculpté ce chef-d'œuvre (1621-1622). Un robuste Pluton, la tête en arrière et souriant, referme ses bras puissants sur une gracieuse Proserpine qui se débat pour lui échapper.

4 La Madone des palefreniers, le Caravage

Éloignée des canons du baroque, cette œuvre d'une grande sobriété (1605) n'orna que peu de temps l'autel de Saint-Pierre. Elle fut déplacée puis vendue aux Borghèse.

Autres chefs-d'œuvre romains p. 48-49

5 Pauline Bonaparte, Canova

Le portrait de la sœur de Napoléon, en Vénus nue alanguie sur un coussin de marbre , (1805-1808) fit scandale.

6 Le Petit Bacchus malade, le Caravage

C'est un autoportrait de l'artiste, vraisemblablement malade, sous les traits du dieu de la Vigne et du Vin. Cette œuvre de jeunesse (1593) est remarquable.

7 La Mise au tombeau, Raphaël

Ce tableau est le plus célèbre du musée. Commandé en 1507 par Atalanta Baglioni en mémoire de son fils assassiné, c'est une œuvre de Raphaël dont la composition est habile mais insolite *(à droite)*.

8 Énée et Anchise, le Bernin

L'artiste n'a que 20 ans lorsqu'il réalise cette œuvre où se manifeste déjà son génie, même si l'ensemble est encore timide et le mouvement relativement figé.

10 Danaé, le Corrège

Cette œuvre sensuelle (1531) est inspirée des *Métamorphoses* d'Ovide. Cupidon dénude Danaé tandis que Jupiter, changé en pluie d'or, entre dans la prison de la princesse *(ci-dessous)*.

Légende
■ Premier étage
■ Rez-de-chaussée

9 L'Amour sacré et l'Amour profane, le Titien

Réalisée pour un mariage, cette œuvre (1514) est une allégorie où la force de persuasion de l'Amour, incarné par Vénus, permet de conquérir la jeune épouse *(ci-dessous)*.

La collection Borghèse

C'est dans cette villa du XVIIe s. que le cardinal Scipione Borghese réunit la magnifique collection d'antiquités offerte par son oncle, le pape Paul V, puis l'augmenta par son propre mécénat. Après avoir épousé Pauline Bonaparte, le prince Camillo Borghese vendit la majeure partie de la collection d'antiquités à son beau-frère Napoléon en 1809. Elle est aujourd'hui exposée au musée du Louvre.

⁑10 Colisée et forums impériaux

Séparé du Forum par la via dei Fori Imperiali percée sous Mussolini, ce vaste quartier est d'une richesse archéologique exceptionnelle. Il abrite de très nombreux vestiges de la Rome antique, au premier rang desquels figure le Colisée. Construit par les empereurs Flaviens, l'ancien amphithéâtre Flavien (appelé « Colisée » depuis le Moyen Âge) fut inauguré en 80 et était le plus vaste amphithéâtre du monde antique. Le quartier est rehaussé d'autres grandes réalisations impériales comme l'arc de Constantin et plusieurs forums impériaux dont le plus remarquable est celui édifié par l'empereur Trajan. Il abrite également l'extravagante Domus Aurea construite au Iᵉʳ s. par Néron, dont les salles enfouies révèlent l'architecture et la décoration fastueuse de la Rome impériale.

Loggia de la maison des Chevaliers de Rhodes

🍴 **Le Caffè Valorani, largo Corrado Ricci 30,** est un endroit très agréable pour un déjeuner léger.

ℹ️ Au Colisée, des étudiants font office de guides. Ils donnent vie au monument et sont payés au pourboire.

• 06 3996 7700 (réservations pour tous les sites archéologiques)
• Colisée : piazza del Colosseo, plan R6 ; ouv. t.l.j. 8h30-1h avant le coucher du soleil ; f. 1ᵉʳ janv. et 25 déc. ; EP 12 € (Palatin et forums inclus)
• marché de Trajan : via IV Novembre, plan P3, 06 6978 0532 ; ouv. mar.-dim. 9h-19h ; EP 9,50 € (7,50 € pour les étudiants européens, EG pour les ressortissants de l'UE de moins de 18 ans et de plus de 65 ans).

À ne pas manquer

1 Colisée
2 Marché de Trajan
3 Domus Aurea de Néron
4 Forum de Trajan et colonne Trajane
5 Arc de Constantin
6 Prison Mamertine
7 Maison des Chevaliers de Rhodes
8 Forum de Nerva
9 Forum de César
10 Forum d'Auguste

Colisée
C'est dans ce joyau de l'architecture antique *(à droite)* qu'avaient lieu les jeux dont les Romains étaient friands. Lors de son inauguration en 80, l'empereur Titus ordonna cent jours de fêtes au cours desquels périrent, entre autres, 5 000 bêtes sauvages. Les jeux furent abolis en 523 *(p. 40).*

Marché de Trajan
Apollodore de Damas, architecte impérial, réalisa au IIᵉ s. cet hémicycle de constructions utilitaires sur trois niveaux *(à gauche).* Les fonctionnaires impériaux contrôlaient l'ensemble des nombreuses marchandises réparties ensuite dans quelque 150 boutiques et entrepôts.

 Autres sites antiques p. 118-121

Domus Aurea de Néron
Après l'incendie de 64, Néron s'appropria de vastes terrains et y fit construire une demeure somptueuse. Ce palais était entouré d'un grand parc orné d'un lac artificiel et de bosquets. Il est actuellement fermé pour rénovation (p. 41).

Plan initial des forums impériaux
300 m

VIA DEI FORI IMPERIALI

FORUM ROMAIN
voir p. 17

Forum de Trajan et colonne Trajane
La splendeur de ce forum était sans égale dans le monde antique. Il n'en subsiste aujourd'hui que la très haute et magnifique colonne Trajane (à droite) dont les reliefs en spirale illustrent en détail les deux campagnes victorieuses de l'empereur contre les Daces. On y accède par le marché de Trajan.

Prison Mamertine
Des cachots de cette ancienne citerne, les prisonniers ne sortaient que morts. Saint Pierre y aurait été détenu. Elle est actuellement fermée pour rénovation.

Forum de Nerva
Achevé en 97, ce forum était dominé par le temple de Minerve. L'ensemble a été rasé au XVIIe s. par le pape Paul V pour y édifier la fontaine Acqua Paola. Il n'en reste que deux colonnes corinthiennes supportant une frise où l'on aperçoit Minerve.

Forum de César
Il fut le premier des forums impériaux. En 46 av. J.-C., Jules César y fit ériger un temple à Vénus Genitrix, mère d'Énée et ancêtre mythique de sa famille. Il y plaça des statues à son effigie et à celle de Cléopâtre. Il ne subsiste de ce forum que trois colonnes.

Forum d'Auguste
Auguste, successeur de Jules César (p. 38), y fit élever le temple de Mars Ultor (Mars le Vengeur), dont il ne reste que trois colonnes corinthiennes et un podium.

Arc de Constantin
Cet arc (à droite) fut élevé en 315 pour commémorer la victoire de Constantin, premier empereur chrétien, sur son rival Maxence (p. 38). Ses proportions restent harmonieuses, mais sa décoration l'est moins, car plusieurs bas-reliefs sculptés ont été prélevés sur des monuments plus anciens.

Maison des Chevaliers de Rhodes
Ce prieuré du XIIe s. était la propriété des chevaliers de Saint-Jean-de-Jérusalem. À l'intérieur se trouvent un portique d'origine et la superbe chapelle Saint-Jean.

Suivez le guide
Comptez trois heures pour tout voir. Vous devrez sûrement faire la queue pour visiter le Colisée et il est préférable de réserver pour la Domus Aurea (visite guidée obligatoire, 30 personnes maximum). On accède au marché de Trajan par la via IV Novembre. Les autres forums sont visibles de la via dei Fori Imperiali.

⟨10⟩ Musées du Capitole

Ancien centre religieux de la Rome antique, le Capitole abrite désormais deux musées magnifiques. On accède à la piazza del Campidoglio (la place du Capitole) par la Cordonata, un escalier en pente douce qui permet d'apprécier la mise en scène grandiose de la place dessinée par Michel-Ange au XVIe s. Le sommet de l'escalier, orné des statues colossales des Dioscures, débouche sur une place trapézoïdale au dallage géométrique. En son centre se dresse une statue équestre de Marc Aurèle. La place est bordée de trois palais dont deux identiques, le palazzo Nuovo (présenté ci-dessous) et le palazzo dei Conservatori (p. 26-27), qui abritent les plus anciennes collections d'objets d'art du monde, commencées en 1471 par le pape Sixte IV.

Façade du palazzo dei Conservatori

🔵 **Le caffè Capitolino,** situé derrière le palazzo dei Conservatori, possède une merveilleuse terrasse qui offre une vue spectaculaire.

🔵 **Le Tabularium était** une partie du passage souterrain qui reliait les musées et abritait les archives de l'État. Il offre une belle vue sur le Forum.

- Piazza del Campidoglio
- plan N5
- 06 0608
- ouv. mar.-dim. 9h-20h
- EP 8,50 € (EG pour les ressortissants de l'UE de moins de 18 ans et de plus de 65 ans)
- on peut prendre un billet jumelé (valable 7 jours) à 8,50 € qui permet en plus l'accès à la centrale Montemartini (p. 152).
- carte du musée (avec accès au Montermartini Art Centre) : 14 €, valable 7 jours

À ne pas manquer

1. Salle des Empereurs
2. *Galate mourant*
3. *Vénus du Capitole*
4. Mosaïque des Colombes
5. Marforio
6. Faune
7. Salle des Philosophes
8. *Cupidon et Psyché*
9. Mosaïque des Masques
10. *Vieille femme ivre*

Légende

▨ Premier étage
▨ Rez-de-chaussée

Salle des Empereurs

Cette salle abrite une série de bustes d'empereurs et d'impératrices romains. Parmi eux se trouve celui du cruel souverain Caracalla *(à droite),* datant du IIIe s. après J.-C.

Galate mourant

Cette poignante sculpture romaine du Ier s. apr. J.-C. est la pièce la plus célèbre de la collection *(ci-dessous).* C'est la copie d'un bronze grec du IIIe s. av. J.-C.

Vénus du Capitole

Exposée dans une salle qui lui est réservée, c'est une superbe copie romaine du Ier s. apr. J.-C. d'après l'*Aphrodite* de Praxitèle du IVe s. av. J.-C. Elle figure une Vénus sensuelle sortant de l'eau et esquissant un geste de pudeur pour cacher sa nudité.

4 Mosaïque des Colombes

Cette œuvre *(à droite)* se trouvait au centre d'un pavement qui ornait la villa Adriana à Tivoli *(p. 154)*. La fine composition de marbre et de *tesserae* (éclats de verre) lui donne volume et réalisme.

5 Marforio

Ce géant allongé *(ci-dessous à droite)* figurait à l'origine une divinité fluviale, probablement prélevée sur le forum d'Auguste *(p. 23)*. Un sculpteur de la Renaissance lui a ajouté les attributs de Neptune et l'a placé dans la fontaine de la cour intérieure.

8 Cupidon et Psyché

Psyché, symbole du destin de l'âme déchue, s'unit pour toujours à l'amour divin représenté par Cupidon. C'est la copie romaine d'une œuvre hellénistique.

9 Mosaïque des Masques

Ce pavement de mosaïque, sans doute du IIe s., représente deux masques de théâtre grecs. Sa composition, qui joue sur la perspective sur l'ombre et la lumière, met en valeur ses petits carrés de marbre colorés.

6 Faune

Cette sculpture de marbre rouge est une copie romaine inspirée d'une œuvre de Praxitèle du IVe s. av. J.-C. Ornant à l'origine un bosquet ou une fontaine, la divinité champêtre porte les attributs du dieu Pan: oreilles pointues, cape en peau de panthère et flûte.

10 Vieille femme ivre

Cette copie d'une œuvre hellénistique du IIIe s. av. J.-C. fait partie d'une série qui illustre les conséquences du vice.

Suivez le guide

Le palazzo Nuovo, à gauche en arrivant sur la place, abrite surtout des sculptures antiques. Les plus belles pièces sont en haut. Prenez ensuite l'escalier vers le souterrain qui mène au palazzo dei Conservatori *(p. 26-27)*. Des fragments de marbres antiques sont exposés dans la cour et la statuaire classique est au 1er étage. Au dernier étage, la pina-cothèque possède des peintures Renaissance et baroques.

7 Salle des Philosophes

Cette salle abrite une série de bustes des grands poètes et philosophes grecs, comme par exemple celui du poète épique Homère *(à droite)*. Ce sont des copies romaines.

Gauche *Tireur d'épine* Droite *Louve du Capitole*

Œuvres du palazzo dei Conservatori

1 Statue colossale de Constantin II

Les fragments d'une statue immense (début du IVe s.) à l'effigie du premier empereur chrétien ont été retrouvés dans les vestiges de la basilique de Maxence et Constantin. Ils sont exposés dans la cour d'entrée du palais et permettent d'imaginer la taille initiale du monument. La tête de l'empereur, avec ses yeux protubérants, est remarquable.

2 Tireur d'épine

Cette délicate petite sculpture en bronze a été offerte à la ville par le pape Sixte IV en 1471. C'est un original grec ou une copie d'excellente facture du Ier s. av. J.-C. La pose insolite et gracieuse du jeune garçon, appliqué à retirer une épine de son pied, a inspiré de nombreux artistes de la Renaissance.

3 Saint Jean-Baptiste, le Caravage

Dans cette œuvre, saint Jean-Baptiste apparaît nu dans une pose extrêmement sensuelle. Un clair-obscur admirable baigne la scène et la rend très réaliste. Ce tableau peint vers 1595 fut une véritable révolution picturale.

4 Louve du Capitole

Ce bronze étrusque du début du Ve s. av. J.-C. fut également offert à la ville par le pape Sixte IV en 1471. Symbole de Rome, la louve monte la garde,

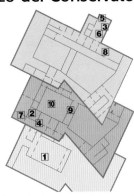

Légende du palazzo dei Conservatori

▨	Deuxième étage
▨	Premier étage
▨	Rez-de-chaussée

protectrice et maternelle. Romulus et Rémus *(p. 38)* ont été ajoutés par Antonio del Pollaiolo à la Renaissance.

5 Enterrement et gloire de sainte Pétronille, le Guerchin

Cet immense retable, réalisé par le Guerchin pour la basilique Saint-Pierre entre 1621 et 1623, reflète indéniablement l'influence du Caravage. Le travail sur l'ombre et la lumière, mais aussi les corps puissants des personnages, donnent à l'œuvre une dimension très réaliste.

6 Diseuse de bonne aventure, le Caravage

Cette œuvre de jeunesse du Caravage fut tout aussi

Diseuse de bonne aventure, le Caravage

révolutionnaire que son *Saint Jean-Baptiste.* L'artiste puise son inspiration dans un sujet qu'il connaît bien : la vie quotidienne à Rome. Remarquez la façon subtile dont le jeune homme trop crédule se fait dérober une bague.

Buste de Lucius J. Brutus
Ce bronze du IIIe ou du IVe s. av. J.-C. est l'une des pièces les plus étonnantes du musée. On pense qu'il représente l'un des premiers consuls de la République, mais il est très proche des bustes grecs de la salle des Philosophes *(p. 25).* Ses yeux en verre donnent une intensité à son regard.

L'Enlèvement des Sabines, Pietro da Cortona
Cette œuvre (vers 1630) serait à l'origine de la peinture baroque, car l'artiste rompt avec la symétrie et donne du mouvement à

l'ensemble. Elle illustre un mythe fondateur de l'histoire de Rome : l'enlèvement des femmes de la tribu des Sabins par les Romains qui manquaient d'épouses *(p. 38).*

Buste de Commode en Hercule
Cet empereur du IIe s., qui aimait à combattre les animaux dans l'arène du Colisée, s'est fait représenter sous les traits d'Hercule afin d'asseoir sa propre divinité. La massue, la cape en peau de lion et les pommes d'or du jardin des Hespérides symbolisent trois des douze travaux d'Hercule.

Statue équestre de Marc Aurèle
Une copie de ce chef-d'œuvre en bronze du IIe s. de notre ère *(à gauche)* se dresse sur la place du Capitole. L'original est exposé au 1er étage du palazzo dei Conservatori.

Statue équestre de Marc Aurèle

⑩ Museo nazionale romano

Jusqu'en 1981, les remarquables collections d'art classique du Musée national romain étaient exposées dans les thermes de Dioclétien. Depuis 1998, elles sont réparties dans différents sites, plus adaptés à la grande richesse du musée. Le somptueux palazzo Altemps (p. 30-31), près de la piazza Navona, abrite désormais les collections de sculptures Ludovisi, Mattei et Altemps. L'antique Aula ottagona a hérité des sculptures monumentales des thermes. Les thermes de Dioclétien, rouverts en 2000, proposent une importante collection d'épigraphes (p. 133). Présenté ci-dessous, le palazzo Massimo alle Terme, un ancien collège de jésuites du XIXᵉ s. près de Termini, présente une collection exceptionnelle de sculptures, de mosaïques et de fresques antiques dont de nombreuses pièces n'avaient jamais été exposées.

Palazzo Massimo alle Terme

💬 Du palazzo Altemps, faites un saut à la piazza Navona pour vous rafraîchir chez Tre Scalini *(p. 88)*.

🕐 Réservez vos billets pour le dernier étage du palazzo Massimo 1 ou 2 j. à l'avance, car les visites sont limitées.

• *Palazzo Massimo alle Terme : largo di Villa Peretti 1, plan F3, 06 3996 7700, ouv. mar.-dim. 9h-19h45.*
• *palazzo Altemps : piazza Sant'Apollinare 44, plan L2, 06 3996 7700, ouv. mar.-dim. 9h-19h45 ; f. 1ᵉʳ janv. et 25 déc.*
• *un billet à 7 € valide 7 j. donne accès à tous les sites du Museo nazionale romano ; pour 23 €, l'Archeo Pass de 7 j. donne accès à de nombreux autres sites archéologiques ; EG pour les ressortissants de l'UE de moins de 18 ans et de plus de 65 ans.*

À ne pas manquer

1. Statue d'Auguste
2. Fresques du *triclinium*
3. Mosaïque des *Quatro Aurighe*
4. *Niobide*
5. *Ino allaitant Dionysos*
6. Bronze de Dionysos
7. *Discobole*
8. Autel d'Ostia
9. Scènes de la basilica di Giunio Basso
10. Collection numismatique

Statue d'Auguste
Cette œuvre *(ci-dessous à droite)* se dressait jadis sur la via Labicana. Auguste, le premier empereur, y est représenté la tête drapée dans sa toge, symbole du titre de *Pontifex Maximus* (grand prêtre), l'un des nombreux honneurs qu'il s'était octroyés.

Fresques du triclinium
Décorées de plantes et de fruits en trompe l'œil (20-30 av. J.-C.), elles viennent de la maison de Livie, épouse d'Auguste. Elles se trouvaient dans le *triclinium* (salle à manger).

Mosaïque des Quatro Aurighe
Cette mosaïque *(ci-dessus)* a été retrouvée dans une chambre à coucher de la villa construite au IIIᵉ s. par la famille Sévère. Les auriges portent les couleurs traditionnelles qu'arboraient les quatre factions romaines lors des courses de chars.

Autres musées romains p. 42-43

---

4 Niobide

Cette œuvre d'une grande beauté *(à droite)* représente Niobide (fille de la reine Niobé) attendant la flèche fatale qui vient de tuer ses sœurs. Sculptée vers 440 av. J.-C. pour un temple grec, elle fut plus tard acquise par Jules César.

6 Bronze de Dionysos

Ce bronze antique, d'une grâce infinie, est l'un des rares à avoir survécu. Il date du IIe s. et sa décoration est intacte. On aperçoit encore les yeux jaunes, les lèvres rouges et un bandeau dans la chevelure.

9 Scènes de la basilique de Giunio Basso

Ces marbres polychromes illustrent la fin du paganisme dans les familles patriciennes romaines *(ci-dessous)*. Le christianisme est déjà devenu la religion officielle de l'Empire quand le consul Giunio Basso (représenté en aurige sur un panneau) commande ces scènes.

7 Discobole

Cette remarquable copie en marbre du IIe s. *(ci-dessous)* du célèbre *Discobole* grec de Myron (450 av. J.-C.) reproduit même l'imperfection des dimensions de l'original.

10 Collection numismatique

Très belle collection qui rassemble les différentes monnaies italiennes, de la République et de l'Empire romain à la lire et à l'euro, en passant par le Moyen Âge et la Renaissance.

5 Ino allaitant Dionysos

Cette fresque ornait la chambre à coucher d'une villa somptueusement décorée, découverte en 1879. La déesse marine Ino y allaitait le dieu du Vin *(ci-dessous)*.

8 Autel d'Ostia

Cet autel dépeint la fondation de Rome par Mars et Vénus, et sa filiation troyenne. Mars y apparaît comme le père de Romulus, le fondateur légendaire de Rome *(p. 38)*. Vénus porte le prince troyen Énée qui a fui Troie pour fonder à Rome la gens Julia, les ancêtres légendaires que César s'était inventés.

Suivez le guide

Au palazzo Massimo, le rez-de-chaussée expose toute la statuaire de la République romaine jusqu'au règne de l'empereur Auguste, et de magnifiques œuvres grecques très anciennes. Le premier étage est consacré à l'art décoratif des classes dirigeantes, de la Rome impériale jusqu'au IVe s. Le second étage conserve précieusement les fresques et mosaïques antiques et ne se visite que sur réservation. La collection numismatique est exposée au sous-sol, ainsi que quelques bijoux en or et la momie d'une fillette de huit ans.

Gauche **Grand sarcophage Ludovisi** Droite **Bas-relief du trône Ludovisi**

🔟 Collection du palazzo Altemps

1 Loggia du jardin des Délices
Les fresques de cette superbe loggia (vers 1595) dépeignent les animaux, plantes et fruits découverts dans le Nouveau Monde.

2 Athéna Parthénos
Cette œuvre grecque du Ier s. av. J.-C. est une copie de la statue d'Athéna réalisée par Phidias pour le Parthénon, la sculpture la plus célèbre de l'Antiquité.

3 Grand sarcophage Ludovisi
Cet immense sarcophage du milieu du IIIe s. est très bien conservé. Ses bas-reliefs sculptés illustrent des scènes de batailles entre Romains et Barbares.

4 Oreste et Électre
C'est l'œuvre du sculpteur Menelaos qui s'inspirait du grand artiste grec Praxitèle. À côté, les fragments de fresques du XVe s. représentent les cadeaux de mariage reçus par Girolamo Riaro et Caterina Sforza.

5 Trône Ludovisi
Sculpté au Ve s. av. J.-C., c'est un véritable chef-d'œuvre, orné notamment d'une naissance d'Aphrodite. Il a été découvert en Calabre au XIXe s.

6 Groupe de Dionysos
La Rome impériale fit de très nombreuses copies de sculptures grecques, tel ce groupe où figurent un faune et une panthère.

7 Apollon jouant du luth
Le musée possède deux sculptures d'Apollon du Ier s., toutes deux restaurées au XVIIe s.

8 Suicide de Galate
Cette sculpture appartenait à un groupe de trois marbres comprenant le *Galate mourant (p. 24)*. L'ensemble fut commandé par Jules César pour célébrer sa victoire sur les Gaulois.

9 Statuaire égyptienne
Cette collection est divisée en trois sections relatives à l'influence de la culture égyptienne à Rome : politico-religieuse, populaire et cultuelle. La pièce maîtresse est le *Taureau Api*, une imposante sculpture de granit du IIe s. av. J.-C.

Tête colossale d'Héra Ludovisi

10 Tête colossale d'Héra Ludovisi
Elle représente sans doute Antonia, la mère de l'empereur Claude. Goethe déclara qu'elle fut son « premier amour à Rome ».

Art de la Rome antique

Sous la République comme sous l'Empire, l'art et la culture à Rome étaient dominés par le classicisme. La sculpture, et notamment l'art du buste jusqu'au début de la période impériale, quand le naturalisme était encore très prisé, était la forme artistique la plus développée mais aussi la moins originale. Les Romains préféraient les copies d'œuvres grecques aux créations. La statuaire grecque était importée en masse, tant de Grèce que des anciennes colonies grecques du Sud de l'Italie, et les ateliers romains produisaient à la chaîne des bustes de personnages vêtus de toges, auxquels une tête pouvait être ajoutée. La peinture se composait de quatre styles inspirés de Pompéi.

Le premier imitait des bas-reliefs de marbre, le deuxième l'architecture, le troisième incluait l'architecture dans de petites scènes peintes et le quatrième se composait de décorations en trompe l'œil. La mosaïque, en noir et blanc ou très colorée et incrustée d'éclats de marbre pour dessiner les ombres et les contours, était utilisée à l'origine pour stabiliser les sols. Enfin, l'Opus sectile (marbre incrusté) était un style venu d'Orient.

Déesse de marbre
La fluidité impressionnante des drapés de cette déesse témoigne de la maîtrise de l'art pour sculpter le marbre dans la Rome antique.

Virgile et ses muses, **mosaïque**

🔟 Santa Maria del Popolo

Peu d'églises romaines recèlent autant de trésors. Les grands maîtres de la Renaissance (Pinturicchio, Bramante ou Raphaël) et du baroque (le Caravage et le Bernin) y ont exercé les facettes de leur génie dans la peinture, la sculpture, l'architecture et la décoration. C'est également l'une des rares églises dont de splendides chapelles sont demeurées intactes et conservent l'intégralité de leurs œuvres d'art, tandis que la plupart des œuvres des chapelles italiennes sont aujourd'hui dispersées dans les musées. Ainsi, la chapelle Cerasi abrite toujours deux tableaux majeurs du Caravage et une œuvre d'Annibal Carrache. Quant à la chapelle Chigi, dessinée par Raphaël, ses nombreux chefs-d'œuvre ont été divinement mis en valeur par le Bernin.

Façade de Santa Maria del Popolo

🍽 Les cafés Canova et Rosati *(p. 116)* sont tous deux situés sur la piazza del Popolo.

🅿 Certains trésors de l'église se trouvent derrière le maître-autel, dans l'abside et le chœur. Quand il n'y a pas de messe, il est possible de passer derrière le rideau à gauche de l'autel et d'allumer la lumière pour les admirer.

- Piazza del Popolo 12
- plan D2
- ouv. t.l.j. 8h-12h et 16h-19h
- EG.

À ne pas manquer

1 *Crucifixion de saint Pierre*
2 *Conversion de saint Paul*
3 Chapelle Chigi, Raphaël
4 Chapelle Chigi, le Bernin
5 *Adoration de l'Enfant*, Pinturicchio
6 Tombeaux de Sansovino
7 Vitraux de Guillaume de Marcillat
8 Abside de Bramante
9 Chapelle Cybo
10 *Naissance de Marie*, Sebastiano del Piombo

1 Crucifixion de saint Pierre

Il émane de cette œuvre du Caravage (1601) une intense émotion engendrée par un clair-obscur dramatique. Le réalisme des personnages souligne l'effort des bourreaux pour élever la croix et l'attitude résignée de saint Pierre *(ci-dessous)*.

2 Conversion de saint Paul

Le Caravage utilise de nouveau un clair-obscur pour souligner la terreur de saint Paul, terrassé par la lumière divine (1601).

3 Chapelle Chigi, Raphaël

La chapelle, comme les fresques et les statues des niches, a été dessinée par Raphaël pour le banquier Agostino Chigi.

Chapelle Chigi, le Bernin

Le Bernin a achevé fidèlement le travail commencé par Raphaël à la demande du cardinal Fabio Chigi. Seules les statues d'*Habacuc* et de *Daniel* sont de lui *(ci-dessous)*.

Adoration de l'Enfant, Pinturicchio

Dans cette fresque (1490) de la chapelle della Rovere, Pinturicchio reste fidèle au style orné, simple et touchant du Pérugin dont il fut l'élève. La chapelle abrite aussi le tombeau du cardinal Castro par Francesco da Sangallo (1478) et une *Vierge à l'Enfant* de Mino da Fiesole (1477).

Tombeaux de Sansovino

Dans le chœur, les tombeaux Renaissance des cardinaux Girolamo Basso della Rovere et Ascanio Sforza ont été réalisés vers 1515 par l'artiste toscan Andrea Sansovino. Allongés sur des coussins, les cardinaux semblent dormir *(ci-dessous)*.

Vitraux de Guillaume de Marcillat

Ce sont les seules œuvres réalisées à Rome par le maître français incontesté du vitrail (1509). Ils représentent l'*Enfance du Christ* et la *Vie de la Vierge (ci-dessous)*.

Abside de Bramante

Le grand architecte de la Renaissance réalisa sa première œuvre romaine en prolongeant l'abside en forme de coquille par un chœur lumineux.

Plan de Santa Maria del Popolo

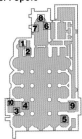

Chapelle Cybo

Ajoutée à l'église par Carlo Fontana, cette chapelle baroque (1682-1687), aux marbres colorés, est rehaussée d'un retable de Carlo Maratta illustrant l'*Immaculée Conception*.

Naissance de Marie, Sebastiano del Piombo

Ce retable de la chapelle Chigi (1533-1534) offre un vibrant contraste avec la décoration de la coupole où les planètes de l'horoscope de Chigi sont symbolisées par des dieux païens.

L'église du peuple de Rome

La croyance populaire voulait que l'arbre qui se dressait sur la sépulture de Néron, enterré dans la crypte Domitia sur le Pincio *(p. 62)*, fût hanté. Afin de dissiper les frayeurs, le pape Pascal II fit élever à sa place en 1099 une chapelle financée par le peuple *(popolo)* de Rome. Agrandie en 1227 puis reconstruite en style lombard (1472-1477), sa façade Renaissance est attribuée à Andrea Bregno. La décoration intérieure baroque est du Bernin.

TOP 10 San Clemente

San Clemente s'élève sur quatre niveaux, et donne ainsi un aperçu très précis des différentes périodes historiques qui font la richesse de Rome. Construite au XIIe s., l'église se dresse sur une ancienne basilique du IVe s. incendiée par les Normands en 1084. Cette basilique, partiellement intacte, est elle-même érigée sur un titulus (maison où se rassemblaient les chrétiens) du Ier s. av. J.-C., où aurait vécu saint Clément. Au même niveau se trouve un triclinium du IIe s. où se réunissaient les adorateurs du dieu Mithra. Le plus bas niveau, encore largement enfoui, remonte probablement au IIe s. av. J.-C. C'est en 1857 que le père dominicain Mullooly a découvert par hasard l'église inférieure et que les fouilles ont commencé à révéler ces trésors.

Façade de San Clemente

🍴 Parmi les nombreux cafés et restaurants du quartier, essayez Cannavota *(p. 131)* pour un repas romain traditionnel.

📷 Apportez une lampe de poche pour mieux découvrir les décorations des niveaux souterrains. Appareils photo et camescopes sont interdits.

• Via di S. Giovanni in Laterano 108
• plan F5
• 06 774 0021
• ouv. t.l.j. 9h-12h30 et 15h-18h (à partir de 10h le dim.)
• EP 5 € pour les niveaux inférieurs.

À ne pas manquer

1. Mosaïques de l'abside
2. *Légende de Sisinius,* fresques
3. Autel de Mithra
4. Chapelle Sainte-Catherine
5. *Miracle de saint Clément,* fresques
6. Schola Cantorum
7. *Titulus,* du Ier s. av. J.-C.
8. Pavement cosmatèque
9. Candélabre pascal
10. Cour et façade

1 Mosaïques de l'abside

Ces mosaïques du début du XIIe s., qui intègrent des motifs de l'abside primitive, sont d'une richesse artistique et thématique éblouissante. L'arc triomphal est de style byzantin et le sujet central de la calotte développe le thème de la Croix du Christ, source de vie *(ci-dessous).*

2 Légende de Sisinius, fresques

Cette fresque de l'église inférieure date du XIIe s. Elle illustre la *Légende de Sisinius,* un préfet païen qui fut frappé de cécité au moment où il surgissait pour surprendre sa femme qui, convertie au christianisme, assistait à une messe célébrée par saint Clément.

Autel de Mithra
Au sous-sol était installé un sanctuaire du dieu Mithra. Les initiés, uniquement des hommes, se réunissaient pour des banquets rituels dans le *triclinium*. Cet autel, où Mithra est représenté sacrifiant un taureau, se trouvait devant une niche abritant une statue du dieu.

Miracle de saint Clément, fresques
Ces fresques de l'église inférieure montrent saint Clément sauvant un enfant de la noyade.

Schola Cantorum
La clôture de marbre devant le chœur *(ci-dessus à droite)*, offerte par le pape Jean II (532-535), se trouvait dans l'église inférieure. Les parois latérales de marbre blanc de la *schola* sont incrustées de mosaïques colorées et gravées de symboles chrétiens primitifs.

Titulus, du Ier s. av. J.-C.
Cette maison aurait appartenu à un dénommé Clément, peut-être un parent d'un martyr chrétien et de saint Clément, ou un homme libre d'origine juive. La basilique du IVe s. a été construite au-dessus.

Pavement cosmatèque
La technique *(ci-dessous)*, développée par les Cosmates au XIIe s., utilisait des fragments de ruines romaines pour créer des motifs géométriques.

Chapelle Sainte-Catherine
Dans l'église supérieure, ces fresques *(ci-dessus)* illustrent notamment la vie de sainte Catherine d'Alexandrie. Elles sont l'œuvre du florentin Masolino (XVe s.) et l'un des rares exemples de la Renaissance florentine à Rome. L'*Annonciation* au-dessus de l'arcade est superbe.

Candélabre pascal
Dans l'église supérieure, ce candélabre pascal finement torsadé du XIIe s. *(à gauche)*, orné de mosaïques scintillantes, est un autre exemple magnifique de l'art cosmatèque.

Cour et façade
À l'origine, l'entrée se faisait par le *quadro porticus*, une avant-cour médiévale carrée bordée de colonnades. La fontaine et la façade ont été ajoutées au début du XVIIIe s.

Suivez le guide
On accède désormais à l'église par une porte latérale située sur la via di San Giovanni in Laterano. Pour accéder à l'église inférieure et aux deux autres niveaux inférieurs, il faut passer par la sacristie d'où un escalier conduit dans le narthex de l'ancienne basilique. Vous trouverez de nombreux livres, diapositives et cartes postales dans la sacristie. Si vous êtes claustrophobe, évitez certains passages des niveaux inférieurs, même si le son cristallin de la source souterraine peut se révéler apaisant.

⁞10 Ostia Antica

Il y a quelque deux mille ans, le port principal de Rome se trouvait au confluent de la mer et de l'embouchure (ostium en latin) du Tibre. Depuis, la mer s'est progressivement retirée de plusieurs kilomètres et le cours du fleuve a dévié. Simple camp militaire fondé au IVe s. av. J.-C., la ville prit de l'importance et devint le principal port de commerce en Méditerranée. L'alimentation en céréales étant fondamentale pour Rome, d'immenses entrepôts (horrea) y furent construits ; les marchandises étaient ensuite acheminées à Rome par voie fluviale. Ostia connut son apogée au IVe s. puis, sa rade s'envasant, déclina lentement avant de disparaître. Enfouie pendant des siècles, la cité est remarquablement préservée.

Forum

🅞 **Derrière le musée, le snack-bar est l'endroit idéal pour se rafraîchir et manger un morceau.**

🅒 **Les vestiges ne sont pas toujours faciles à identifier, aussi n'hésitez pas à louer un audioguide à l'entrée.**

• *Viale dei Romagnoli 717*

• *métro B, tramways 3 et 30, bus 23, 95, 75 ou 280 jusqu'à Piramide, puis train régional de la gare de Porta San Paolo jusqu'à Ostia Antica*

• *06 5635 8003*

• *ouv. mars : t.l.j. 8h30-18h ; avr.-oct. : t.l.j. 8h30-19h30 ; nov.-fév. : t.l.j. 8h30-17h ; f. 1er janv., 1er mai et 25 déc.*

• *EP 6,50 € (tarif réduit 3,25 €)*

• *le pont de Trajan peut être visité sur demande : 06 6501 0089.*

À ne pas manquer

1. Decumanus Maximus
2. Théâtre
3. Casa di Diana et *thermopolium*
4. Musée
5. Forum
6. Capitole
7. Terme dei Sette Sapienti
8. Maison de Cupidon et Psyché
9. Terme di Nettuno
10. Mithraeum des Serpents

1 Decumanus Maximus

L'antique via Ostensis mène au Decumanus Maximus, l'ancienne rue principale qui traversait la ville *(ci-dessus)*. Elle s'ouvre sur une déesse de marbre blanc à gauche.

2 Théâtre

Le théâtre était deux fois plus haut qu'aujourd'hui *(au centre)*. Derrière la scène se dressait un temple probablement dédié à Cérès, déesse des Moissons. Autour de la place, des mosaïques *(à droite)* affichent les noms et les symboles des différentes corporations.

3 Casa di Diana et *thermopolium*

Pour jouir d'une vue splendide, montez en haut de cet *insula* (immeuble). En face s'élève le *thermopolium*, une auberge dont le menu est peint sur les murs.

Autres sites antiques p. 40-41

Musée
Très bien présentée, la collection comprend sculptures, sarcophages et mosaïques découverts sur le site. La statue de marbre du dieu Mithra s'apprêtant à sacrifier un taureau est l'une des plus belles pièces.

Forum
Cette place rectangulaire, cœur de la vie de la cité, était bordée de colonnes. On y rendait la justice et les citoyens participaient aux affaires.

Ostia Antica

Terme di Nettuno
Construit au IIe s., ce complexe thermal *(à gauche)* était orné de splendides mosaïques de dieux et de monstres marins, visibles depuis une petite terrasse. Descendez sur la gauche pour étudier de plus près l'ingéniosité du système de chauffage.

Mithraeum des Serpents
C'est l'un des quelque 18 temples d'Ostie dédiés à Mithra. Ce culte était très populaire dans l'armée et florissant dans les cités portuaires. Dans la salle où se tenaient les banquets mystiques, les serpents dépeints sur les fresques symbolisent la fertilité du sol.

Suivez le guide

L'accès par le train régional est aisé, comptez 20 min depuis la gare de Porta San Paolo au métro Piramide à Rome. Le prix d'un trajet équivaut à celui d'un ticket de bus. De la gare d'Ostia Antica, prenez la passerelle qui enjambe la route. Continuez tout droit après le restaurant jusqu'au guichet d'entrée. Le site est immense, prévoyez donc au moins 3 h pour pouvoir le visiter. Chaussez-vous confortablement et munissez-vous de crème solaire et d'eau.

Terme dei Sette Sapienti
Ce complexe thermal raffiné abrite une fresque de Vénus et des pavements de mosaïque représentant notamment des chasseurs, des animaux et des athlètes nus.

Capitole
Dominant la cité, ce temple monumental fut consacré au IIe s. par Hadrien à la triade capitoline : Jupiter, Junon et Minerve. Prenez l'escalier *(ci-dessus)* pour en admirer le marbre rare.

Maison de Cupidon et Psyché
Les citoyens riches habitaient de somptueuses *domus* telle cette villa du IIIe s. On y voit encore des colonnes doriques, une fontaine et des décorations de marbre.

Gauche **Incendie de Rome** Droite **Mussolini lors de la marche sur Rome en 1922**

TOP 10 Un peu d'histoire

1 Romulus et Remus
Fils jumeaux de Mars et d'une vestale, Remus et Romulus sont recueillis par une louve après avoir été jetés dans le Tibre par un oncle criminel. Adolescents, ils créent un village sur le Palatin mais, lors d'une querelle, Romulus tue son frère en 753 av. J.-C. avant de fonder Rome la même année.

2 Enlèvement des Sabines
Manquant cruellement de femmes, Romulus et ses hommes enlèvent leurs voisines les Sabines, en 750 av. J.-C. Plus tard, les deux peuples se réconcilient pour n'en former qu'un seul. Rome est ensuite gouvernée par les Étrusques. En 509 av. J.-C., les nobles romains proclament la République. Elle durera près d'un demi-siècle.

3 Assassinat de Jules César
Fort de ses nombreux succès militaires – comme la conquête de la Gaule – et de la fidélité de son armée, Jules César marche sur Rome en 49 av. J.-C. Il s'y pro-clame dictateur à vie en février 44 av. J.-C., avant d'être assassiné le 15 mars suivant. Octave, son fils adoptif, lui succède et reçoit le titre d'Auguste en 27 av. J.-C.

4 Incendie de Rome
En 64, Rome est ravagée par un incendie. La reconstruction est entreprise par Néron qui s'approprie un vaste domaine pour édifier sa Domus Aurea. Proclamé ennemi public par le Sénat, il se suicide en 68 *(p. 41)*.

5 Bataille du pont Milvius
C'est sur ce pont que, en 312, l'empereur Constantin défait son rival Maxence après avoir eu la vision d'une victoire sous la forme de la Vraie Croix. L'année suivante, l'édit de Milan établit la liberté religieuse.

6 Chute de l'Empire
À la fin du IVe s., Rome ne peut résister aux invasions des Barbares qui traversent le Rhin et le Danube. En 476, le dernier empereur est déposé ; c'est la fin de l'empire d'Occident.

7 Papes en Avignon
Suite aux que-relles intestines qui déchirent la ville, la papauté s'installe en France de 1309 à 1377. Rome est alors livrée à la noblesse romaine qui fait édifier de splen-dides palais avec le marbre prélevé sur les temples antiques.

Buste de Jules César

Palais pontifical, Avignon

Sac de Rome
En 1527, plus d'un millénaire après la conquête de Rome par le roi wisigoth Alaric (410), la ville est prise et pillée par les troupes de Charles Quint. L'armée impériale occupe alors la ville pendant sept mois, jusqu'à la reddition du pape Clément VII.

Unification de l'Italie
Aidé de Garibaldi, Vittorio Emanuele II, roi de Sardaigne, s'emploie dès son avènement en 1849 à unifier les royaumes et principautés de la péninsule pour former l'Italie. La dernière étape fut Rome en 1870.

Prise du pouvoir par Mussolini
En 1922, Benito Mussolini (*Il Duce*), fondateur du parti fasciste, organise la marche sur Rome et est chargé de former un nouveau gouvernement. En 1940, il entre en guerre aux côtés de l'Allemagne nazie. Désavoué en 1943, il est arrêté, libéré par les Allemands, puis assassiné en 1945 alors qu'il tente de fuir le pays. La République actuelle a été proclamée en 1946.

Les grands papes

Saint Pierre
Dénommé Simon, cet apôtre (42-67) reçut du Christ le nom de Pierre et la charge de fonder l'Église chrétienne. Il serait mort martyrisé à Rome.

Saint Léon le Grand
Ce pontife influent, pape de 440 à 461, persuada Attila d'épargner Rome en 452.

Saint Grégoire le Grand
Pape de 590 à 604, il réforma et consolida la papauté, et organisa l'évangélisation de l'Angleterre.

Innocent III
Pape de 1198 à 1216, il soutint les ordres monastiques et lutta contre les rois.

Boniface VIII
Ce pape impérieux et pragmatique (1294-1303) était convaincu de la supériorité spirituelle du Saint-Siège.

Alexandre VI
Ce Borgia intrigant (1492-1503) profita de son pontificat pour anéantir ses rivaux.

Jules II
À la fois guerrier, politique et mécène, ce pape (1503-1513) s'attacha les services de Michel-Ange, Bramante et Raphaël (*p. 8*).

Paul III
Pape de 1534 à 1549, il combattit le protestantisme et initia la Contre-Réforme, fondant l'ordre des Jésuites et lançant l'Inquisition.

Sixte V
Pape de 1585 à 1590, il réforma l'Église et transforma Rome en une ville baroque.

Jean-Paul II
Premier pape non-italien depuis plus de 400 ans (1978-2005), il œuvra à réconcilier l'Église et le monde moderne.

Rome thème par thème

Gauche **Forum romain et Colisée** Centre **Fresque palatine** Droite **Domus Augustana, Palatin**

📷10 Sites antiques

1 Forum romain

Au centre du forum *(p. 16-17)* s'élevait le temple de Jules César, construit par l'empereur Auguste en 29 av. J.-C., à l'endroit où le dictat « divinisé » fut incinéré après son assassinat. Des fleurs fraîches ornent désormais ces humbles vestiges tout au long de l'année.

2 Panthéon

À l'origine, ce temple dédié à tous les dieux *(p. 14-15)* était exhaussé sur un perron de cinq marches qu'il fallait gravir pour y accéder. Détruit par un incendie en 80, le Panthéon actuel fut reconstruit en contrebas au IIe s. par l'empereur Hadrien.

3 Forums impériaux

Élevé au IIe s. sur des plans dessinés par l'empereur Hadrien, le temple de Vénus et de Rome était le plus grand temple, et l'un des plus imposants de ces forums majestueux. Entre le Forum et le Colisée, il était rehaussé d'un quadruple portique de trente colonnes. L'architecte Apollodore serait mort pour l'avoir critiqué *(p. 22-23)*.

Colisée

4 Colisée

Cet édifice grandiose, le plus grand amphithéâtre antique, fut érigé par les milliers de juifs réduits en esclavage après la pacification de la Judée par Titus. Véritable prouesse technique, son architecture sert de modèle depuis la Renaissance *(p. 22)*.

5 Palatin

C'est l'une des sept collines de Rome et la plus anciennement habitée, d'où son importance symbolique. Berceau légendaire de la ville, le Palatin est longtemps resté un lieu de résidence privilégié. Son cadre bucolique en fait désormais un endroit romantique *(p. 18-19)*.

6 Thermes de Dioclétien

Une partie importante de cet immense complexe du IIIe s. abrite désormais un remarquable musée archéologique, où l'on peut admirer notamment une statue de marbre du dieu Mithra. Le vaste cloître dessiné par Michel-Ange est rehaussé de statues antiques *(p. 133)*.

7 Colonne de Marc Aurèle

Cette imposante colonne composée de 28 fûts de marbre fut élevée au IIe s. pour commémorer les conquêtes danubiennes de l'empereur. Les bas-reliefs illustrent ces épopées guerrières. Au sommet de la colonne, une statue de saint Paul remplace depuis 1589 celles de l'empereur et de son épouse *(p. 92)*.

Rome thème par thème

Autres sites antiques p. **118-121**

8 Thermes de Caracalla
Les thermes les plus populaires de la Rome antique renfermaient des piscines chaudes et froides, des gymnases et des stades, des lupanars, des salles de spectacle et des bibliothèques. L'entrée était gratuite. Le complexe archéologique accueille aujourd'hui le principal festival d'opéra de la ville *(p. 119)*.

9 Largo di Torre Argentina
Les vestiges de quatre temples républicains et les colonnes d'un portique furent mis au jour dans les années 1920. Derrière l'un des temples, on aperçoit les canalisations de latrines datant de l'époque impériale ; derrière un autre s'étend la vaste plate-forme de blocs de tuf de l'ancienne curie de Pompée, où César fut assassiné, par Brutus le 15 mars en 44 av. J.-C. *(p. 99)*.

Largo di Torre Argentina

10 Teatro di Marcello
Inauguré par Auguste en 13 av. J.-C., ce théâtre était dédié à son neveu Marcellus, décédé à 19 ans, dix ans plus tôt. Peu de chose subsiste de cet immense édifice qui pouvait accueillir près de 15 000 spectateurs. Il fut transformé en forteresse au XIIe s., puis incorporé au palais construit par Peruzzi au XVIe s. *(p. 101)*.

Empereurs romains célèbres

1 Auguste
Le premier et le plus brillant des empereurs (27 av. J.-C.-14 apr. J.-C.) mit fin à 17 ans de guerre civile.

2 Néron
Passé à la postérité pour ses excès, Néron (54-68) se pensait brillant esprit et poète. Probablement fou, ce tyran finit par se suicider.

3 Vespasien
Son règne (69-79) mit fin à la guerre civile, vit la pacification de la Judée et la construction du Colisée.

4 Trajan
C'est sous le règne de ce grand conquérant (98-117) que l'Empire fut le plus étendu.

5 Hadrien
Fin lettré et grand voyageur, Hadrien (117-138) remit l'art grec à l'honneur et fit édifier de superbes monuments.

6 Marc Aurèle
Le règne de cet empereur philosophe platonicien (161-180) fut dominé par la guerre.

7 Septime Sévère
Monarque absolu (193-211), il mit fin à la guerre civile et légua un héritage architectural et culturel remarquable.

8 Dioclétien
Grand réformateur et instigateur de la tétrarchie, Dioclétien (284-305) persécuta farouchement les chrétiens.

9 Constantin
Protecteur du christianisme, Constantin (306-337) fut le fondateur de Constantinople, la « nouvelle Rome ».

10 Romulus Augustule
Dernier empereur romain d'Occident (475-476), il fut capturé par Odoacre.

Gauche **Sala dei Misteri, musées du Vatican** Droite **Palazzo dei Conservatori, musées du Capitole**

TOP 10 Musées et galeries

1 Musées du Vatican
Installés dans des palais pontificaux datant du XIIIe s., ces musées abritent notamment des collections grecques, romaines et étrusques ; les chambres de Raphaël et la chapelle Sixtine ; une pinacothèque et une collection d'art religieux moderne *(p. 8-13)*.

2 Museo nazionale romano
Ce musée possède une remarquable collection d'antiquités, dont de nombreuses pièces n'avaient jamais pu être exposées. Ses collections sont réparties dans cinq sites différents : les thermes de Dioclétien, l'Aula ottagana (située dans les thermes), les palais Massimo et Altemps, et la toute nouvelle crypte Balbi *(p. 28-31)*.

3 Galleria Borghese
Témoin de la fortune et du raffinement du neveu du pape Paul V, cette somptueuse villa abrite une exceptionnelle collection. Avec ses vastes jardins restaurés, c'est aussi l'un des plus beaux sites de Rome *(p. 20-21)*.

4 Musées du Capitole
Bordant la splendide place dessinée par Michel-Ange, ces musées abritent des collections pontificales tout aussi inestimables que celles du Vatican *(p. 24-27)*.

5 Galleria nazionale d'Arte antica
Ce musée national est aujourd'hui installé dans deux remarquables résidences : les palais Barberini *(p. 133)* et Corsini *(p. 142)*. Le premier s'enorgueillit d'un *Gran Salone* – avec un plafond en trompe l'œil de Pietro da Cortona – et d'œuvres de Filippo Lippi, du Caravage, de Holbein et du Greco. Le second abrite un triptyque de Fra Angelico et des œuvres de Rubens, de Van Dyck et du Caravage.

6 Villa Giulia
Cette résidence d'été, dessinée au XVIe s. par Vignola pour le pape Jules III, abrite depuis 1889 le Musée national étrusque. Sa collection, la plus grande du pays, est exceptionnelle et présente les objets retrouvés en Toscane et dans le Latium. Son plus grand chef-d'œuvre est sans aucun doute le superbe sarcophage des époux, une grande urne funéraire en terre cuite du VIe s. av. J.-C. *(p. 111)*.

Faune hellénistique, galleria Borghese

7 Galleria Doria Pamphilj
Ce palais aristocratique abrite un nombre incroyable de chefs-d'œuvre signés Raphaël, le Titien, Rubens, le Caravage, le Tintoret ou encore Vélasquez. De ce dernier, le célèbre portrait du pape

Innocent X Pamphilj est d'une profondeur admirable. Dans un audioguide (en français) très intéressant, l'actuel prince Doria-Pamphilj présente avec finesse l'histoire de cette collection étonnante (p. 91).

8 Palazzo et galleria Spada

Dans ce splendide palais du XVIᵉ s., une galerie a été aménagée au XVIIᵉ s. pour la collection de tableaux Renaissance et baroques du cardinal Spada (notamment Rubens, Reni, le Guerchin et le Titien). On peut y admirer la surprenante colonnade en trompe l'œil dessinée par Borromini, qui paraît quatre fois plus longue qu'elle ne l'est en réalité (p. 104).

Villa Giulia

9 Galleria nazionale d'Arte moderna

Installé dans une maison Belle Époque, ce musée présente des sculptures de Canova et un panorama complet de la peinture italienne et européenne du XIXᵉ s. Il expose également de nombreuses œuvres modernes signées Rodin, Cézanne, Modigliani, Van Gogh, Monet, Klimt et Jackson Pollock (p. 112).

10 Palazzo delle Esposizioni

Dessiné par Pio Piacentini, le palais des Expositions date de 1883 et rappelle par son emphase que Rome n'avait retrouvé que depuis peu son rang de capitale. Il accueille des manifestations culturelles allant des installations d'art contemporain à des rétrospectives du septième art.

Ⓢ Via Nazionale 194 • plan Q3
• 06 3996 7500 • mar.-jeu. 9h30-20h, ven.-sam. 9h30-22h30, dim. 10h-20h
• EP.

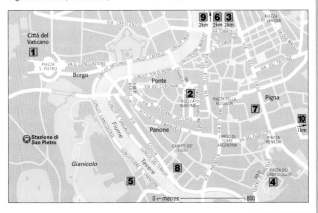

Gauche **Sarcophage, San Clemente** Centre **Santa Maria Maggiore** Droite **Santa Maria sopra Minerva**

TOP 10 Églises

Basilique Saint-Pierre
Ne manquez pas de visiter cette immense basilique quand les lumières sont allumées. Les couleurs de cette étonnante construction deviennent éblouissantes *(p. 12-13)*.

Santa Maria del Popolo
Selon la légende, un chêne splendide aurait poussé ici même, à l'endroit où Néron avait été enterré. L'endroit fut alors considéré comme maudit. Mais, en 1099, la Vierge apparut au pape Pascal II, lui demandant de supprimer la sépulture et d'y édifier une chapelle *(p. 32-33)*.

San Clemente
Cette église discrète est fascinante, car on y découvre en un même lieu plusieurs époques de l'histoire romaine *(p. 34-35)*.

Santa Maria Maggiore
Cette église, l'une des plus belles de Rome, date du Ve s. et abrite de splendides mosaïques de la même époque. L'intérieur, richement décoré, mêle harmonieusement plusieurs styles. Les marbres de la chapelle Sixtine, construite par Fontana pour abriter le tombeau du pape Sixte V, ont été prélevés sur une tour édifiée par Septime Sévère sur le Palatin en 203 *(p. 127)*.

Santa Maria sopra Minerva
Construite vers 1280 sur un ancien temple de Minerve, c'est la seule église romaine de style gothique. Au XVIe s., elle abrita le tribunal de l'Inquisition où comparut notamment Galilée. Parmi ses trésors artistiques se trouvent un *Christ portant sa croix* commencé par Michel-Ange (près du chœur) et de superbes fresques de Filippino Lippi dans la chapelle Carafa. Sainte Catherine de Sienne repose sous le maître-autel *(p. 91)*.

San Giovanni in Laterano
La cathédrale de Rome, première église du monde chrétien, fut fondée au IVe s. par l'empereur Constantin. Elle était le siège de la papauté jusqu'en 1309 et les papes y recevaient la tiare jusqu'en 1870. Elle a été restaurée au XVIe s., mais sa façade, ornée d'une balustrade coiffée de quinze colossales statues de saints, date du XVIIIe s. Son cloître cosmatèque rehaussé de colonnettes torsadées date du XIIIe s. *(p. 127)*.

San Giovanni in Laterano

Rome thème par thème

44

7 Santa Maria in Trastevere

C'est probablement la plus ancienne église de Rome mais aussi l'une des plus charmantes. Fondée selon la légende par le pape Calixte Ier (217-222) à l'endroit où de l'huile d'olive aurait jailli miraculeusement un jour de Noël, elle fut la première église dédiée à la Vierge. C'est aussi la seule église romane (XIIe s.) à n'avoir pas été profondément remaniée à l'époque baroque et à conserver son aspect médiéval *(p. 139)*.

Statue, San Luigi dei Francesi

8 San Luigi dei Francesi

Église nationale des Français de Rome depuis 1589, elle abrite le cycle de saint Matthieu (1597-1602), un trésor inestimable composé de trois œuvres du Caravage, qui ornent la chapelle Contarelli *(p. 49)*. La toile du centre, *Saint Matthieu et l'Ange*, est la moins audacieuse, car le peintre dut le refaire après que sa première version eut été jugée trop réaliste. En effet, personne n'avait jamais osé représenter un saint dont les pieds étaient sales *(p. 83)*.

9 San Paolo fuori le Mura

Ravagée par un incendie en 1823, la grande basilique du IVe s. a été entièrement reconstruite. Elle reste pourtant impressionnante, bien que ses magnifiques mosaïques du Ve s. aient été fortement retouchées. Néanmoins, le beau ciborium d'Arnolfo di Cambio (1285) et l'admirable candélabre pascal (XIIe s.) sont toujours intacts, tout comme le splendide cloître roman rehaussé d'une double rangée de colonnettes *(p. 151)*.

10 Sant'Andrea della Valle

Cette vaste église Contre-Réforme, décor du premier acte de la *Tosca* de Puccini, mérite un détour à plus d'un titre. Elle est dotée d'une élégante coupole, la plus haute de Rome après Saint-Pierre, d'une belle façade baroque et de superbes fresques du Dominiquin *(p. 99)*.

Sant'Andrea della Valle

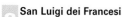

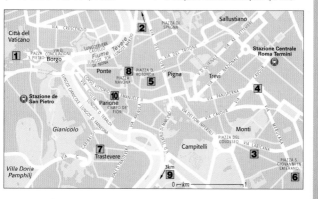

Gauche **Fontaine des Tortues** Droite **Piazza San Pietro**

🔟 Places et fontaines

Piazza Navona
Cette place est considérée comme la plus élégante de Rome. Ses façades baroques épousent les contours de l'ancien stade de Domitien *(p. 86)*, lui donnant ainsi une forme allongée. Réservée aux piétons, elle est très animée et bordée de nombreux cafés. Elle est ornée de trois fontaines dont la plus spectaculaire est celle des Quatre-Fleuves, réalisée par le Bernin. Au sud, la fontaine du Maure est rehaussée du groupe du Maure, exécuté d'après un dessin du Bernin *(p. 83)*.

Fontaine de Trevi

Fontaine de Trevi
Selon la légende, il faut jeter une pièce de monnaie dans cette fontaine, achevée en 1762 par Niccolò Salvi, pour être certain de revenir à Rome. Adossée à la façade du palazzo Poli, la fontaine est alimentée par l'aqueduc Acqua Vergine, construit par Agrippa en 19 av. J.-C. au départ d'une source indiquée par une jeune vierge aux Romains assoiffés *(p. 109)*.

Campo de' Fiori
Animé tous les matins, sauf le dimanche, par un marché coloré, ce « champ de fleurs » est également très fréquenté la nuit en raison de ses nombreux bars et restaurants. Dominée par l'austère statue du moine Giordano Bruno, qui y fut brûlé vif pour hérésie en 1600 sous l'Inquisition, cette place est bordée de charmantes vieilles maisons *(p. 99)*.

Piazza del Popolo
Cette place élégante fut achevée dans un style néoclassique au début du XIXe s. par l'architecte Giuseppe Valadier. Transporté d'Héliopolis à Rome sous Auguste pour décorer le Circus Maximus, l'obélisque de granit (XIIIe s. av. J.-C.) fut érigé au centre de la place par Fontana à la demande du pape Sixte V en 1589 *(p. 110)*.

Piazza San Pietro
Œuvre majeure du Bernin à Rome, cette cour d'honneur monumentale accueille les fidèles lors des bénédictions papales. D'une grande pureté géométrique, elle se déploie sur un plan elliptique, bordé de chaque côté par deux hémicycles qui forment de longs portiques, soutenus par une quadruple colonnade. L'ovale de la place met ainsi en valeur l'obélisque du Ier s. av. J.-C., élevé au centre par Fontana en 1586 à la demande du pape Sixte V *(p. 12)*. ◈ Plan B3.

6 Fontaine des Tortues

Dessinée par Giacomo della Porta, cette ravissante fontaine fut réalisée de 1581 à 1584 par Taddeo Landini. Les tortues *(tartarughe)* ont été ajoutées en 1658, probablement par le Bernin *(p. 101)*.

7 Piazza Barberini

Cette place très animée est rehaussée en son centre par la fontaine du Triton, réalisée en 1642 par le Bernin à la demande du pape Urbain VIII. Le Triton crache une fine colonne d'eau à travers une conque *(p. 133)*.

8 Piazza Venezia

Située au centre de la ville, cette place est le point stratégique de la circulation : les encombrements et les klaxons y sont permanents. Elle est bordée du sévère palazzo Venezia (xve s.) où se trouvaient les bureaux de Mussolini, qui s'adressait à la foule du balcon central *(p. 104)*.

9 Fontaine des Naïades

La fontaine (1901) est l'œuvre de Mario Rutelli, dont le petit-fils fut élu maire de Rome (1993-2001). Ses quatre naïades dénudées firent scandale. L'esprit marin Glaucus crachant de l'eau a été ajouté en 1911. ◈ *Piazza della Repubblica • plan E3.*

Piazza del Popolo

10 Piazza Santa Maria in Trastevere

La piazza Santa Maria in Trastevere est une place ancienne où aboutissent plusieurs ruelles pittoresques. Elle abrite des boutiques, des cafés, un bon restaurant et un palais du xviie s. La façade de l'église du même nom est ornée de splendides mosaïques. Au centre, la fontaine dessinée par le Bernin a été modifiée par Fontana (1682) puis remaniée au xixe s. *(p. 139)*.

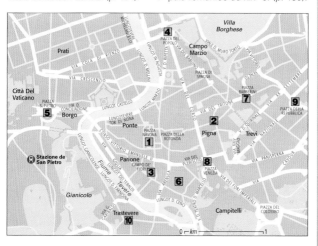

Gauche **Voûte de la chapelle Sixtine** Droite *Pietà* de Michel-Ange

⑩ Chefs-d'œuvre artistiques

1 Descente de Croix, le Caravage

Dans cette œuvre, le Caravage adopte un réalisme sombre, opposé en tous points à la *Pietà* de Michel-Ange. La Vierge y est représentée vieillie et usée, et le Christ athlétique, éclairé par une composition singulière, semble si lourd que Nicodème et Jean ne le soulèvent qu'avec peine *(p. 9)*.

2 Transfiguration, Raphaël

Cette peinture grandiose est aussi le dernier chef-d'œuvre de Raphaël qui, à sa mort, la laissa presque achevée. À l'apogée de son talent, l'artiste utilise une palette éclatante et représente des personnages noueux, synthèse de la suavité du Pérugin et de la composition de Vinci *(p. 9)*.

3 Pietà, Michel-Ange

Le naturalisme a certes profondément marqué la Renaissance, mais Michel-Ange prend ici bien des libertés pour ménager ses effets. Le Christ, d'une finesse et d'une petitesse exagérées, repose sur les genoux d'une Vierge trop jeune. Craignant que son œuvre ne fût attribuée à un autre, le jeune Michel-Ange se glissa une nuit dans la basilique pour y graver son nom *(p. 12)*.

4 L'École d'Athènes, Raphaël

Dans cette œuvre, Raphaël a donné aux grands philosophes les traits de ses célèbres contemporains. Il rajouta Michel-Ange après l'avoir vu peindre la voûte de la chapelle Sixtine. Ce dernier incarne Héraclite, boudant sur les marches, au premier plan *(p. 8)*.

5 Chapelle Sixtine, Michel-Ange

Bien qu'il se considérât avant tout comme un sculpteur, Michel-Ange a réalisé entièrement seul les magnifiques fresques aux couleurs éclatantes qui ornent la voûte. Entourés de prophètes, de sibylles et d'*ignudi* (athlètes nus), trois cents personnages y relatent la création du monde *(p. 10-11)*.

L'École d'Athènes, Raphaël

6 Apollon et Daphné, le Bernin

Cette sculpture de marbre expressive et délicate est d'une rare fluidité. Le Bernin arrête le temps, saisissant le moindre mouvement des corps et des feuillages au moment où la nymphe aimée d'Apollon se métamorphose en laurier *(p. 20)*.

Vocation de saint Matthieu, le Caravage

7 Vocation de saint Matthieu, le Caravage

Par un clair-obscur subtil, saint Pierre et le Christ se détachent de l'obscurité face à Matthieu et à ses compagnons. Le Caravage capte l'intensité du moment où le Christ, en partie caché par saint Pierre, choisit Matthieu *(p. 83)*.

8 Saint Jérôme, Léonard de Vinci

Inachevée, cette œuvre est néanmoins d'une composition et d'une précision anatomique étonnantes. Au centre du tableau, saint Jérôme est assis face au lion. Il se détache de la montagne à l'arrière-plan par un mouvement légèrement tournant, et son bras droit tendu semble prolonger son bras gauche replié *(p. 9)*.

9 Moïse, Michel-Ange

Cette sculpture, aux qualités formelles éblouissantes, n'est qu'une petite partie du projet initial de l'immense tombeau que le pape Jules II avait commandé à Michel-Ange. Moïse y est représenté avec une incroyable vigueur *(p. 128)*.

10 Extase de sainte Thérèse, le Bernin

Dans une mise en scène magistrale, le Bernin représente l'instant où un ange armé d'une flèche d'or transperce le cœur de la sainte, mêlant douleur et extase. De leurs loges, les membres de la famille Cornaro semblent assister à la scène *(p. 133)*.

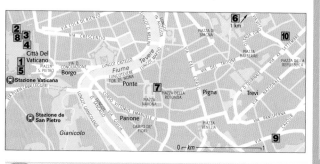

Gauche **Palazzo Venezia** Droite **Fresque, villa Farnesina**

TOP10 Villas et palais

1 Villa Farnesina

Décorée par Raphaël et par les plus grands artistes de la Renaissance, cette maison de villégiature est un véritable joyau. Les loggias furent conçues pour ouvrir l'intérieur sur l'extérieur, un concept emprunté à la Rome antique. Elles sont aujourd'hui fermées par des vitres pour protéger les superbes fresques qui les ornent *(p. 139)*.

2 Palais du Campidoglio

Après le sac de Rome (1527), le pape Paul III confia à Michel-Ange le soin de restaurer la place du Capitole pour la visite de l'empereur Charles Quint en 1537. L'artiste mourut avant la fin des travaux, mais l'escalier monumental qui y mène, les trois palais, le dallage géométrique de la place et la mise en scène des sculptures antiques sont fidèles à ses dessins *(p. 102-103)*.

3 Palazzo Borghese

Surnommé « le clavecin » en raison de sa forme, ce palais fut commencé au XVIᵉ s. et achevé au XVIIᵉ s. par le cardinal Scipione Borghese. Sa ravissante cour intérieure est entourée d'un double étage de galeries avec une loggia reliant les deux ailes du palais. On peut y admirer le *Bain de Vénus*, un nymphée composé de trois fontaines *(p. 94)*.

4 Palazzo Massimo alle Colonne

Construit par Baldassare Peruzzi pour Pietro Massimo au XVIᵉ s., ce palais possède une façade convexe rehaussée d'un portique à colonnes épousant la courbe du théâtre de Domitien sur lequel l'édifice est bâti. L'autre façade décorée de fresques monochromes donne sur la piazza dei Massimi, où se dresse une colonne antique *(p. 85)*.

5 Palazzo Farnese

Cet imposant palais est typique de la Renaissance. Commandé par le cardinal Alexandre Farnèse, futur pape Paul III, il fut commencé par Antonio da Sangallo le Jeune (1517-1546), poursuivi par Michel-Ange et achevé par Giacomo della Porta (1589).

Cour intérieure de la villa Farnesina

Villa Giulia

6 Cette résidence d'été du pape Jules III (XVIe s.) abrita son exceptionnelle collection de statues antiques. Sa belle façade donne sur un jardin réalisé par Vignola, et un gracieux portique ouvre sur deux cours reliées par une loggia dessinée par Ammannati *(p. 112)*.

Palazzo Barberini

7 Il fut construit à la demande du pape Urbain VIII sur un terrain situé alors hors du centre-ville. Carlo Maderno érigea en 1625 une villa de campagne typique : un corps central flanqué de deux ailes donnant sur un jardin (aujourd'hui disparu). Celle-ci fut achevée en 1633 par le Bernin aidé de Borromini *(p. 133)*.

Palazzo della Cancelleria

8 Avec sa façade à pilastres plats et sa cour intérieure, c'est l'un des plus beaux palais du début de la Renaissance (fin XVe s.) à Rome. Le marbre et les 44 colonnes proviennent de monuments antiques *(p. 104)*.

Palazzo Farnese

Palazzo Spada

9 Édifié vers 1540 pour le cardinal Girolamo Capo di Ferro, ce palais possède l'une des façades les plus richement ornées de Rome. L'harmonieuse cour intérieure est tout aussi décorée. La curieuse colonnade en trompe l'œil réalisée par Borromini est un chef-d'œuvre d'illusion optique *(p. 104)*.

Palazzo Venezia

10 Construit pour le cardinal vénitien Pietro Barbo, c'est le plus ancien palais Renaissance de Rome (1464). Il est attribué à Alberti ou Maiano, deux architectes florentins. Il abrite un musée d'où l'on aperçoit la cour intérieure ornée d'une fontaine du XVIIIe s. *(p. 104)*.

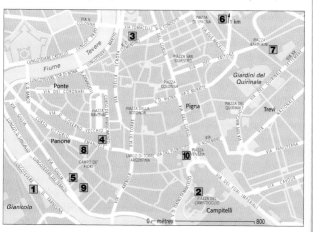

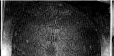 

Gauche **Catacombes de San Sebastiano** Centre **Voûte, San Clemente** Droite **Crypte Balbi**

🔟 Sites souterrains

1 San Clemente
Les différents niveaux de cette église fascinante illustrent l'évolution de la culture romaine au fil du temps *(p. 34-35)*.

2 Catacombes de Domitilla
La plus vaste nécropole souterraine de Rome compte de nombreuses chambres des Ier et IIe s. sans rapport avec le christianisme : plusieurs religions pratiquaient cette forme de sépulture. Les fresques comprennent des scènes païennes et chrétiennes, dont l'une des premières représentations du Christ. *Via delle Sette Chiese 282 • bus 118, 218, 660, 760 • ouv. fév.-déc. : mer.-lun. 9h-12h et 14h-17h (17h30 en été) • EP.*

3 Grottes vaticanes
Le célèbre Mur rouge derrière lequel saint Pierre aurait été inhumé fut découvert sous le Vatican dans les années 1940 *(p. 13)*.

4 Catacombes de la via Appia
Les nécropoles souterraines hors les murs ne sont pas la conséquence d'une répression religieuse, mais de lois liées à la crainte que les esprits des morts interfèrent avec les vivants. Néanmoins, c'est sans doute lors d'une période où les chrétiens subirent des persécutions que les reliques des apôtres

Pierre et Paul furent transférées du centre-ville à San Sebastiano. Plusieurs mausolées remontent au IVe s. *Via Appia Antica 136 (San Sebastiano) et via Appia Antica 110 (San Callisto) • bus 118, 218 • ouv. San Sebastiano lun.-sam. 10h-17h, San Callisto mar.-jeu. 9h-12h, 14h-17h • EP.*

5 Prison Mamertine
Ancienne geôle dans le centre de Rome construite au VIIe-VIe s av. J.-C. Elle a notamment accueilli Vercingétorix, chef de la rébellion gauloise, conduit à Rome sous les fers, et saint Pierre, dont il subsiste une trace de son visage là où les gardes l'auraient frappé, contre le mur de l'escalier. *Via S. Pietro in Carcere /via Tulliano • plan P5 • ouv. t.l.j 9h-17h (19h en été) • EP.*

6 Crypte Balbi
Il s'agit de la partie d'une *crypta* (cour intérieure à portique) de 13 av. J.-C., contiguë à un

Source souterraine, San Clemente

théâtre aujourd'hui disparu.
C'est désormais un musée, et
ses panneaux didactiques retra-
cent l'évolution de Rome à travers
l'étude de ses différents niveaux.
On y aperçoit également des
fresques médiévales. ◎ *Via delle
Botteghe Oscure 31 • plan M4
• ouv. mar.-dim. 9h-19h45 • EP.*

Casa dei SS Giovanni e Paolo (Celian)

Située sous une ancienne église,
cette maison appartenait à deux
fonctionnaires martyrisés en 362.
On aperçoit d'autres vestiges de
bâtiments du Ier au IVe s., dont un
nymphaeum orné de fresques.
◎ *Clivio di Scauro/Piazza SS Giovanni
e Paolo • plan E5 • 06 7045 4544 • ouv.
jeu.-lun. 10h-13h et 15h-18h • AH • EP.*

Museo Barracco

Le sous-sol du musée date du
IVe s. et abrite des murs, un pavement, des fragments de colonnes,
un morceau de corniche et d'un
bas-relief, une vasque de marbre
et un grand double pilon pour
moudre les grains *(p. 55)*.

Théâtre de Pompée

Le largo del Pollaro épouse
encore très nettement la forme
courbe du théâtre construit par
Pompée (61-55 av. J.-C.). Sa structure n'est visible qu'en sous-sol,
notamment dans la cave du
restaurant Pancrazio, installée
dans des galeries de travertin.
◎ *Piazza del Biscione 92 • plan L4 • ouv.
jeu.-mar. 12h30-14h30, 19h30-23h • EG.*

Mithra sous Santa Prisca

Le mithraïsme séduisit les
soldats et les classes inférieures
à une époque où les patriciens se
tournaient vers le christianisme
(p. 128). Ce sanctuaire date du
IIIe s. ◎ *Via di Santa Prisca 13 • plan D5
• 06 3996 7700 • ouv. 2e et 4e dim. du
mois 16h. Sur réservation • EP.*

Panoramas

1 Forum romain du Capitole
Contournez le palazzo
Senatorio sur la droite. La vue
est spectaculaire de jour
comme de nuit. ◎ *Plan P5.*

2 Il Vittoriano
Du haut de la « pièce montée », on a de belles vues sur
les forums impériaux *(p. 104)*.

3 Gianicolo
De cette charmante colline
surplombant le Tibre, la ville
s'étend à vos pieds *(p. 141)*.

4 Piazza di Spagna
En haut de l'escalier, la
vue sur cette célèbre place
est renversante *(p. 109)*.

5 Caffè Capitolino
Vous y aurez une magni-
fique vue d'ensemble sur
les trésors archéologiques
du cœur de Rome *(p. 24)*.

6 Dôme Saint-Pierre
Depuis le dôme de
Michel-Ange, la vue est imprenable sur la colonnade et
le château Saint-Ange *(p. 12)*.

7 Serrure des Chevaliers de Malte
On aperçoit très bien la
coupole de Saint-Pierre par
la serrure du jardin *(p. 120)*.

8 Remparts du Castel Sant'Angelo
Belles vues sur les boucles du
Tibre avec le ponte Sant'Ange-
lo à vos pieds *(p. 140)*.

9 Pincio
En aménageant les
jardins, Valadier a soigné
la perspective qui s'étend
de la piazza del Popolo à
Saint-Pierre *(p. 110)*.

10 Villa Mellini
Près de l'observatoire de
Rome, au-dessus de la piazzale
Clodio, un panorama singulier
embrasse les collines et la
ville au nord-ouest. ◎ *Plan B1.*

Rome thème par thème

Gauche **Museo delle Anime del Purgatorio** Droite **Refuge félidé de Largo Argentina**

TOP 10 Rome secrète

1 Crypte capucine et musée

Vous recherchez une maison hantée ? Cette crypte a été décorée de motifs macabres jusque dans ses moindres recoins, avec les os de milliers de moines. Les corps qui n'ont pas été utilisés sont accrochés aux murs, parés de leurs habits à capuchon (p. 134).

2 Museo della Casina delle Civette

Mussolini a habité ce pavillon Art nouveau situé dans la villa Torlonia, un parc désormais public. Aujourd'hui restauré, ce bâtiment abrite un musée qui présente une collection de céramiques et de verres colorés, aux motifs figurant une chouette (civette). ◈ Via Nomentana 70 • plan G1 • ouv. avr.-sept. : 9h-19h ; mars, oct. : 9h-17h30 ; nov.-fév. : 9h-16h30 (musée) • f. lun. • 06 0608 • EP.

Façade du museo della Casina delle Civette

3 Musée de la Criminologie

Instruments de torture, lettres de prisonniers et armes utilisées par la Mafia comptent parmi les objets illustrant l'histoire de la criminalité en Italie. Les sections traitent des sujets de la peine capitale, du système moderne d'incarcération ainsi que de l'anthropologie et de la psychologie criminelles. ◈ Via del Gonfalone 29 • plan J3 • ouv. mar.-sam. 9h-13h, mar. et jeu. 14h30-18h30 • www.museocriminologico.it • EP.

4 Museo delle Anime del Purgatorio

L'église gothique Sacro Cuore del Suffragio abrite une exposition tout à fait sinistre. Dans une vitrine sont conservés des objets qui auraient été touchés par des défunts en attente au purgatoire, comme des empreintes de mains légèrement brûlées. ◈ Lungotevere Prati 12 • plan L1 • ouv. lun.-sam. 7h-11h, 16h30-19h • EG.

5 Pyramide de Caius Cestius

Influencés par la culture égyptienne, nombre de Romains faisaient bâtir des pyramides pour abriter leurs tombeaux. Édifiée dans le mur d'enceinte de la ville, celle-ci est la seule à nous être parvenue (p. 121).

6 Refuge félidé de Largo Argentina

Cette entreprise généreuse mobilisa nombre de bénévoles enthousiastes. On peut visiter la clinique vétérinaire et adopter les chats. Le refuge s'interdit d'euthanasier les bêtes. ◊ *Largo di Torre Argentina, SO de la place* • *plan M4* • *ouv. t.l.j. 12h-18h* • *don.*

Palazzo Zuccari

Les peintres Taddeo et Federico Zuccari avaient installé leur

Entrée du palazzo Zuccari

atelier dans cette fantaisie maniériste du XVIe s. Des bouches hurlantes d'ogres grotesques enveloppent la porte et les fenêtres. ◊ *Via Gregoriana 28* • *plan D2* • *f. au public.*

Museo Barracco

Cette splendide collection retrace l'évolution de la sculpture dans l'Antiquité. On peut y admirer des œuvres assyriennes, égyptiennes, étrusques, romaines et paléochrétiennes. C'est la deuxième collection de sculptures grecques après celle du Vatican *(p. 104)*.

Museo della Civiltà romana

Situé dans un édifice Art déco de la grandiose EUR *(Esposizione universale di Roma)* construite sous l'ère fasciste, ce musée passionnant abrite une maquette de Rome au IVe s. et de beaux exemples de meubles anciens et d'instruments de musique. ◊ *Piazza Giovanni Agnelli 10* • *métro EUR Fermi* • *ouv. mar.-dim. 9h-14h* • *www.museociviltaromana.it* • *AH* • *EP.*

Museo delle Mura

Toujours debout, la porta San Sebastiano est la porte la plus impressionnante du mur d'Aurélien *(p. 152)*. Un musée, logé à l'intérieur, retrace l'histoire de cette puissante muraille à travers des gravures et des maquettes. ◊ *Via di Porta San Sebastiano 18* • *bus 118 et 218* • *ouv. mar.-dim. 9h-14h (sur rés. au 06 0608)* • *www.museo dellemuraroma.it* • *EP.*

Rome thème par thème

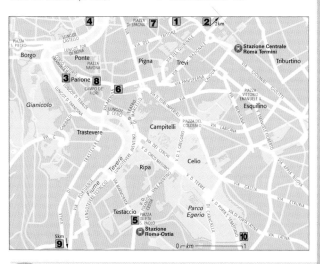

Gauche **Lord Byron** Droite **Mark Twain**

🔟 Écrivains à Rome

1 Goethe
De 1786 à 1788, le grand écrivain et poète allemand (1749-1832) séjourna deux fois à Rome sur le Corso, dans l'actuel musée Casa di Goethe *(p. 112)*. Ses *Élégies romaines* sont aujourd'hui une référence pour les voyageurs qui viennent parfaire leur éducation en Italie.

Goethe

2 John Keats
Le poète romantique britannique (1795-1821) vint à Rome en 1820 pour en admirer les chefs-d'œuvre et découvrir le mode de vie italien. Souffrant de tuberculose, il mourut à 25 ans dans son appartement près de la piazza di Spagna *(p. 109)*.

3 Henry James
L'écrivain new-yorkais (1843-1916) passa la moitié de sa vie en Europe. Rome sert de toile de fond à certaines de ses œuvres, notamment *Daisy Miller*, *Un portrait de femme* et *Heures italiennes*. Lors de son premier voyage en 1869, la ville le fascina tant qu'il déclara dans une lettre : « Enfin, cette fois-ci, je vis ! »

4 Stendhal
Envoyé en Italie pour sa carrière militaire, l'écrivain (1783-1842) adopta le pays. À Rome, il écuma les bibliothèques, et l'histoire de la famille Farnèse inspira en partie *La Chartreuse de Parme*. C'est notamment à partir d'une gravure du castel Sant'Angelo qu'il imagina la prison de Fabrice del Dongo.

5 Alberto Moravia
L'un des plus grand auteurs italiens du XXe s. (1907-1990) a décrit Rome dans des œuvres telles que *Les Indifférents* ou *L'Ennui*.

6 Lord Byron
Héros et poète romantique, Byron (1788-1824) a longtemps séjourné en Italie, entouré d'amis comme les époux Shelley ; ses poèmes *Le Pèlerinage de Childe Harold* et *Don Juan* sont très inspirés de sa vie à Rome.

7 Chateaubriand
Attaché d'ambassade à Rome sous Bonaparte au début du XIXe s., l'écrivain romantique (1768-1848) écrivit à son ami

Fontanes une *Lettre sur la campagne romaine* évoquant « un silence et une solitude aussi vastes que le bruit et le tumulte des hommes qui se pressaient jadis sur ce sol ».

Gore Vidal
L'auteur américain (1925-2012) a longtemps séjourné à Rome et à Ravello, au sud de Naples. Ses expériences romaines se retrouvent dans *Julien, Le Jugement de Pâris* et dans ses mémoires intitulés *Palimpseste*.

Mark Twain
Cet écrivain américain (1835-1910) a passé peu de temps à Rome lors de son voyage en Europe, mais ses impressions humoristiques rapportées dans *Le Voyage des innocents* sont demeurées légendaires.

Percy Bysshe Shelley
Ce poète anglais (1792-1822) a vécu en Italie avec son épouse Mary de 1818 à sa mort par noyade près de Pise. Il se rendit souvent à Rome et écrivit *Les Cenci*, un drame inspiré de la scandaleuse Beatrice Cenci.

Percy Bysshe Shelley

Les grands auteurs romains classiques

Plaute
Poète latin (250-184 av. J.-C.) dont les comédies ont inspiré Shakespeare.

César
Également historien, Jules César (100-44 av. J.-C.) a raconté ses campagnes dans *Commentaires de la guerre des Gaules* et *De la guerre civile*.

Cicéron
Grand orateur et ardent républicain (106-43 av. J.-C.), ses discours et plaidoyers sont demeurés célèbres.

Virgile
Dans *L'Énéide*, ce grand poète (70-19 av. J.-C.) associe la fondation de Rome à la guerre de Troie.

Ovide
Le plus grand poète classique (43 av. J.-C.-17 apr. J.-C.) codifie de nombreux mythes romains dans *les Métamorphoses*. *L'Art d'aimer* serait la cause de son exil.

Tacite
Cet historien, maître de la prose latine (55-120), est l'auteur des célèbres *Annales* et *Histoires*, mais aussi de la *Vie d'Agricola*, son beau-père.

Juvénal
Les *Satires* du poète (60-130) dénoncent les mœurs corrompues de Rome.

Pline le Jeune
Les *Lettres* de cet écrivain et brillant orateur (61-113) illustrent avec précision la société de son temps.

Suétone
Historien (70-125), auteur des *Vies des douze Césars*.

Pétrone
Écrivain (70-130) et auteur présumé du *Satiricon*.

Gauche *Ben Hur* Droite *La Dolce Vita*

⑩ Cinecittà

1 La Dolce Vita
Ce grand classique de Fellini (1960) se déroule à Rome dans les années 1950. Marcello Mastroianni y interprète un journaliste entraîné dans un tourbillon de fêtes et de frivolités. Le personnage de Paparazzo, qui photographie des vedettes attablées aux cafés de la via Veneto, est à l'origine du terme « paparazzi ».

2 Fellini Roma
Fellini dédie ce film de 1972 à sa ville d'adoption. Rome était alors en pleine modernisation et le réalisateur a fait construire une route à Cinecittà pour pouvoir filmer les heures de pointe sans être gêné par la circulation. Il se moque aussi ouvertement du Vatican dans une scène burlesque et surréaliste.

3 Ben Hur
Cette fresque épique de 1959 au budget colossal (50 millions de $) a remporté 11 oscars. Le film a été réalisé par William Wyler, et Charlton Heston y incarne le rôle titre : un prince juif qui, trahi et réduit en esclavage, recouvre sa liberté et, dans une scène d'anthologie, participe à une course de chars.

4 Le Voleur de bicyclette
Chef-d'œuvre du néoréalisme italien, ce film de Vittorio De Sica (1948) recrée les conditions de vie à Rome à la fin des années 1940. Un homme honnête et pauvre dans la Rome d'après-guerre voit sa vie vaciller quand il se fait voler sa bicyclette. Il part alors à sa recherche.

Vacances romaines, William Wyler

Cléopâtre

5 Malgré des costumes et des décors somptueux, des milliers de figurants et le couple Elizabeth Taylor-Richard Burton, cette fresque de Mankiewicz (1963) fut l'un des échecs les plus retentissants d'Hollywood.

Rome, ville ouverte

6 Ce drame puissant de 1945 évoque la résistance romaine durant la Seconde Guerre mondiale. Roberto Rossellini développe une approche documentaire, filmant les rues de la fin de la guerre et retraçant des faits réels avec de vrais soldats. Fellini participa au scénario.

Vacances romaines

7 Cette comédie romantique de 1953 révéla la jeune Audrey Hepburn. Celle-ci obtint l'oscar pour son rôle de princesse rebelle parcourant les rues de la ville en compagnie de Gregory Peck, écrivain sans le sou.

Journal intime

8 Ce film de 1993 s'ouvre sur une scène où Nanni Moretti, réalisateur et acteur, sillonne la banlieue de Rome en Vespa.

La vie est belle

9 Sous l'occupation nazie de l'Italie, un libraire juif (interprété par Roberto Benigni, également réalisateur et scénariste) protège son fils de l'horreur des camps de concentration en jouant la comédie. Le film (1998) a remporté trois oscars.

Gangs of New York

10 Pour cette superproduction (2002) tournée à Cinecittà, le réalisateur Martin Scorsese a recréé le New York des années 1840, ainsi qu'un paquebot.

Grands réalisateurs italiens

Federico Fellini

1 Maintes fois couronné, ce réalisateur audacieux (1920-1993) est un virtuose du cinéma italien.

Roberto Rossellini

2 Maître du néoréalisme (1906-1977), il a réalisé *Rome, ville ouverte* et *Paisà*.

Vittorio De Sica

3 Fondateur du néoréalisme, De Sica (1901-1974) est l'auteur de *Miracle à Milan* et du *Jardin des Finzi Contini*.

Luchino Visconti

4 Réalisateur raffiné (1906-1976), auteur notamment du *Guépard* et de *Mort à Venise*.

Pier Paolo Pasolini

5 Réalisateur, poète et écrivain (1922-1975), il a réalisé de célèbres versions d'*Œdipe roi* et du *Décaméron*.

Sergio Leone

6 Initiateur d'un nouveau genre, le western spaghetti, Leone (1929-1989) a révélé Clint Eastwood dans *Pour une poignée de dollars*.

Michelangelo Antonioni

7 Antonioni (1912-2007) a créé la nouvelle vague italienne et a tourné à Hollywood (*Blow up*).

Nanni Moretti

8 Cet écrivain et réalisateur, né en 1953, est souvent comparé à Woody Allen.

Bernardo Bertolucci

9 Né en 1941, il a tourné et rencontré ses plus grands succès hors d'Italie, mais y est revenu pour réaliser *Beauté volée* (1996).

Roberto Benigni

10 Écrivain, acteur et réalisateur né en 1952, il a acquis un succès international avec *La vie est belle*.

Gauche **Villa Borghese** Centre **Casina Valadier, Pincio** Droite **Église, via Appia Antica**

10 Lieux romantiques

1 Gianicolo

N'hésitez pas à flâner dans ce parc élégant, dont les vues splendides sont considérées par beaucoup comme les plus belles de la ville. Vous pourrez y découvrir un carrousel, assister à un spectacle de marionnettes traditionnelles et éventuellement en acheter. Chaque jour vers midi résonnent des coups de canon *(p. 141)*.

2 Pincio

Ces jardins offrent aussi des vues spectaculaires. Dessinés par Giuseppe Valadier au début du XIXe s. *(p. 111)*, ils étaient très appréciés des écrivains romantiques. Si par chance le café-restaurant Casina Valadier avait rouvert ses portes, n'hésitez pas, c'est l'endroit le plus romantique qui soit pour prendre un verre ou un repas.

3 Roseraie et orangeraie, parco Savello

Ouverte au public, la roseraie est un endroit raffiné et parfumé pour se promener en toute saison. Vous pouvez ensuite grimper jusqu'à l'orangeraie, vous détendre sous les pins parasols et jouir de la vue sur le Tibre, le Trastevere et Saint-Pierre. Redescendez par l'ancien clivo di Rocca Savella. ◈ *Plan A3.*

4 Villa Borghese

C'est un parc immense avec nombre de fontaines, bancs, allées ombragées et clairières. De plus, il abrite un lac avec une île rehaussée d'un temple classique. C'est l'endroit idéal pour une promenade en canot *(p. 110)*.

5 Antico Arco

Ce restaurant historique perché sur le Janicule occupe une villa où les murs en pierre et en brique créent une ambiance chaleureuse. Il sert des déclinaisons inventives de recettes traditionnelles, et les sommeliers se tiennent prêts à conseiller les meilleurs vins pour les accompagner. Pour conclure le repas, accordez-vous le soufflé au chocolat au cœur fondant *(p. 149)*.

Le Campidiglio la nuit

Prix des restaurants **p. 89**

6 Arco degli Acetari
Une flânerie dans le dédale de ruelles pavées entourant le Campo de' Fiori se doit d'inclure un coup d'œil à la place de l'arco degli Acetari. Le temps semble s'être arrêté dans cette cour médiévale qui s'ouvre derrière un petit arc discret de la via del Pellegrino. ✪ *Via del Pellegrino • plan K3.*

7 Le Capitole la nuit
Théâtralement mais subtilement illuminés, les trois palais au sommet de la colline sont d'une beauté presque magique la nuit *(p. 24-27).* Faites une fois ou deux le tour de cette belle place ronde inclinée, puis traversez pour jouir d'une vue splendide sur le Forum romain et le Colisée, tout aussi admirablement éclairés.

8 Fontaine de Trevi
Malgré la multitude de visiteurs qui envahit la place, la superbe fontaine de Trevi conserve son charme magique, de jour comme de nuit. Profitez-en pour faire un vœu (romantique, bien sûr) et sacrifiez à la tradition en y jetant une pièce pour être certain de revenir à Rome *(p. 109).*

9 Via Appia le dimanche
Le dimanche, une partie de la via Appia Antica est fermée à la circulation, sauf pour les cars de tourisme. C'est alors l'occasion rêvée d'y faire une longue promenade bucolique à vélo ou

Fontaine de Trevi

à pied. À cet endroit, les Romains enterraient leurs morts dans l'Antiquité, et de nombreuses tombes sont encore visibles *(p. 151).*

10 Gelato Tre Scalini
Ce café s'enorgueillit de son célèbre *tartufo* (truffe), une glace aux trois chocolats nappée de crème fouettée et coiffée d'une cerise. Vous pouvez y acheter des glaces à emporter, mais il est sans aucun doute plus romantique de s'y attabler pour en déguster une *(p. 88).*

Gauche **Villa Doria Pamphilj** Droite **Orto botanico**

Jardins

Villa Borghese
Avec ses splendides fontaines et ses clairières ombragées, ce parc immense est propice aux promenades et pique-niques. Vous pouvez faire du canot sur le lac et louer des bicyclettes ou des rollers *(p. 110).*

Pincio
Au coucher du soleil, le plus célèbre panorama de Rome est vraiment magnifique. On y aperçoit une clepsydre, de nombreux bustes romains et un obélisque érigé par l'empereur Hadrien sur la tombe de son bien-aimé Antinoüs *(p. 111).*

Villa Celimontana
Les pique-niques y sont une tradition depuis 1552, quand saint Philippe Neri initia la Visite des sept églises, qui prenait fin à la villa Mattei où les pèlerins recevaient un simple repas. Des dîners-concerts y ont lieu en été. ® *Via della Navicella • plan E5 • ouv. aube-crépuscule • AH.*

Villa Doria Pamphilj
S'étendant du Gianicolo jusqu'à l'ancienne via Aurelia, c'est le plus grand parc de Rome. Les collines, rehaussées de villas, fontaines, lacs et orangeries, sont idéales pour se promener ou pique-niquer sous les pins parasols. C'est aussi un endroit extraordinaire où faire de l'exercice *(p. 142).*

Orto botanico
Les gracieux jardins du palazzo Corsini sont l'un des endroits les plus agréables pour une promenade d'une heure ou deux. Les quelque 7 000 espèces de plantes qui y poussent embaument l'air de riches parfums. Le Jardin botanique appartient à l'université de Rome et abrite nombre d'espèces locales ou exotiques, regroupées dans leurs écosystèmes respectifs *(p. 142).*

Villa Sciarra
Ce petit parc fourmille de fontaines, belvédères, étangs, loggias et statues. Ses pelouses

Villa Borghese

Rome thème par thème

62

Places et fontaines p. 46-47

et ses allées ombragées sont propices à la détente. C'est un bel endroit pour les enfants. ✪ *Via Calandrelli • plan C5 • ouv. aube-crépuscule • AH.*

Villa Ada
Ancien terrain de chasse du roi Vittorio Emanuele III, ce grand parc public se compose de taillis, d'étangs et de vertes collines. C'est l'endroit idéal pour échapper aux bruits de la ville. Les soirs d'été, des concerts se déroulent près du lac, à l'extrémité du parc. ✪ *Via Salaria 265 • plan E1 • ouv. aube-crépuscule • AH.*

Clepsydre, Pincio

Parco della Caffarella
Une riche faune peuple les espaces naturels et cultivés de ce vaste parc où des vestiges de temples antiques parsèment les champs et les prairies. Grand terrain de jeu. ✪ *Via della Caffarella • www.caffarella.it*

Colle Oppio
Après avoir arpenté le Forum et le Colisée, cette colline est propice au repos, surtout en été. La plus grande partie de colle Oppio se situe en fait sur la Domus Aurea de Néron *(p. 41)*, dont on aperçoit les structures à ciel ouvert. Vous pouvez également y admirer les majestueux vestiges des thermes de Trajan, éparpillés sur ce site. ✪ *Via Labicana, parco Oppio • plan E4 • AH.*

Parco della Resistenza dell'8 Settembre
Cet ancien désert poussiéreux a été transformé en un parc agréable et verdoyant où les habitants de Rome viennent pique-niquer. On peut même s'y promener dans la soirée au clair de lune, car ce parc est l'un des rares de la ville à ne pas être clos. ✪ *Viale della Piramide Cestia, via M. Gelsomini • plan D6 • AH.*

Gauche **Parc de la villa Borghese** Droite **Fête foraine de la villa Borghese**

🔟 Rome avec les enfants

Villa Borghese
Avec leurs statues et leurs fontaines, le parc Renaissance du cardinal Scipione Borghese et les jardins contigus du Pincio (XIXᵉ s.) sont très agréables à explorer à bicyclette ; on y trouve de nombreuses boutiques de location. Vous pouvez également louer un canot pour vous promener sur le lac ou emmener les enfants à une petite fête foraine (p. 110).

Explora, musée des enfants
Ce musée présente des maquettes ainsi que des dioramas grandeur nature et interactifs qui offrent une image du fonctionnement du monde selon les enfants. Ces derniers pourront également réaliser leur propre émission de télévision.
◈ Via Flaminia 82 • plan C1 • ouv. mar.-dim. : visites d'1h à 10h, 12h, 15h et 17h • rés. aux enfants accompagnés • rés. recommandée • EP.

Crypte capucine
Cette crypte abrite des chapelles à vous donner la chair de poule. Difficile de ne pas être impressionné par les mosaïques faites avec les os des moines ou par les squelettes exposés dans des niches. Les adolescents en garderont un excellent souvenir, mais ce musée est un peu macabre pour les petits (p. 134).

Bioparco
L'ancien zoo de Rome en fort mauvais état a totalement été transformé en « jardin biologique » très agréable, quoique assez petit. Il est situé dans un coin du parc de la villa Borghese. ◈ Piazzale del Giardino Zoologico 1 • plan E1 • ouv. lun.-ven. 9h30-18h, sam.-dim. 9h30-19h (nov.-mars : jusqu'à 17h) • EP.

Technotown
Dans les jardins verdoyants de la villa Torlonia, une demeure du XXᵉ s. abrite un espace de jeu multimédia riche en installations pédago-giques interactives.
◈ Via Lazzaro Spallanzani 1 • plan F2 • 06 4288 8888 • ouv. sept.-juin :mar.-dim. 9h-19h ; juil.-août : mar.-dim. 10h-23h • www.technotown.it

Marionnettes du Gianicolo
Inutile de comprendre la langue pour apprécier le théâtre de Guignol dont les personnages sont

Marionnettes romaines

Informations sur les bateaux de croisière à Rome : www.battellidiroma.it ; 06 9774 5498

d'origine italienne. C'est le dernier des théâtres de marionnettes traditionnels, autrefois si nombreux dans les parcs de Rome. ❀ *Teatro di Pulcinella, Gianicolo • plan B4 • ouv. mar.-dim., horaires variables • AH • EG.*

Casina di Raffaello

Cette ludothèque s'adresse aux enfants de 3 à 10 ans. Elle comprend une bibliothèque et un petit théâtre, et propose régulièrement des ateliers à thèmes. L'entrée du parc est gratuite. ❀ *Via della Casina di Raffaello (villa Borghese) • plan D2 • 06 4288 8888 • www.casinadiraffaello.it • EP.*

Castel Sant'Angelo

Les petits visiteurs adorent ses couloirs tortueux, ses cachettes, ses donjons et ses douves. Le lieu a un passé agité, et la collection du musée d'armes et d'œuvres d'art qui retrace ses mille ans d'histoire intéressera également les adultes. ❀ *Lungotevere Castello 50 • plan J1 • ouv. mar.-dim. 9h-19h30..*

Balade équestre

Promenades à poney

De courtes balades sont proposées dans la plupart des parcs, dont la villa Borghese, la villa Celimontana et la villa Lazzaroni.

Time Elevator

Les enfants apprécieront cette présentation de l'histoire de Rome en « 5D » : écran panoramique, son *surround* et simulateur de mouvements. ❀ *Via dei Santi Apostoli 20 • plan N3 • 06 69921823 • ouv. t.l.j. 10h30-20h15 (dernière séance à 19h30) • www.timeelevator.it • AH • EP.*

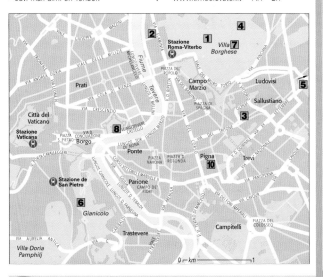

Gauche **Récital de piano, festival RomaEuropa** Droite **Pâques, place Saint-Pierre**

TOP 10 Événements culturels

1 Festival RomaEuropa
Ce festival en plein essor a lieu chaque automne en de nombreux endroits tout aussi magnifiques que le palazzo Farnese, la villa Medici ou le Teatro argentina. Ouvert à toutes les musiques, à la danse et au théâtre, le festival a déjà accueilli plusieurs artistes mondialement reconnus. *Fin sept.-déb. déc.*

2 Village Testaccio
De nombreuses manifestations musicales se déroulent tout l'été dans un lieu spécialement conçu, situé près d'un ancien abattoir. Des concerts ont lieu tous les soirs jusqu'à minuit et sont suivis de plusieurs soirées dansantes, chacune dans un style musical différent. Le thème change tous les ans. *Via di Monte Testaccio 16 • plan D6 • juin-sept. : mar.-dim. 9h-2h.*

¡ Fiesta !

3 Festa dell'Unità
Organisé par le parti communiste, cette manifestation se déroule le soir pendant environ un mois aux alentours de juillet. Les soirées ont généralement lieu dans un parc du centre et proposent de la musique, des films et des jeux, en grande partie gratuits.

4 Anniversaire de Rome
Le 21 avril, un grand gala organisé par la ville pour fêter la fondation officielle de Rome en 753 av. J.-C. *(p. 38)* se déroule sur la piazza del Campidoglio. Le maire fait un discours, il y a de la musique, un feu d'artifice, et les musées du Capitole sont ouverts et gratuits jusqu'à 22 h.

5 Festival d'opéra estival
L'Opéra de Rome propose ses représentations traditionnelles aux thermes de Caracalla *(p. 119)*, mais d'autres événements sont organisés dans toute la ville. On peut y écouter des chanteurs du monde entier.

6 ¡ Fiesta ! et Rock in Roma
L'ancien hippodrome de Capannelle accueille deux festivals d'été : ¡Fiesta! célèbre la culture latino-américaine, tandis que Rock in Roma voit défiler des rock-stars internationales. *Ippodromo delle Capannelle, via Appia Nuova 1245 • métro Colli Albani, puis bus • mi-juin, mi-août • www.fiesta.it • www.rockinroma.com*

Luglio suona bene
7 À l'auditorium Parco della Musica, « Juillet sonne bien » permet d'assister en plein air à des concerts de jazz, de rock et de folk. ◈ *Viale Pietro de Coubertin 30 • 06 802 41281 • www.auditorium.com*

Concours hippique international
8 Ce grand concours annuel se déroule dans les magnifiques jardins de la villa Borghese. La majeure partie du parc est alors fermée et réservée aux courses et aux soirées. ◈ *Piazza di Siena, villa Borghese • plan E1 • dernière sem. de mai.*

Concours hippique international

Isola Tiberina
9 Venez faire la fête dans les bars et restaurants saisonniers de cette île. Chaque été, des événements y ont lieu, dont des concerts, un festival de cinéma en plein air (quelques projections en anglais) et un marché. ◈ *Isola Tiberina, Lungotevere de' Cenci*

Concert du 1er mai
10 Cette grande manifestation gratuite se déroule sur le parvis de la basilique San Giovanni in Laterano (p. 127). Toutes les grandes vedettes, italiennes principalement, s'y produisent. L'événement commémore la fête du Travail adoptée par l'Internationale socialiste. ◈ *Piazza S. Giovanni • plan F5 • 1er mai.*

Fêtes traditionnelles

Carnaval
1 Costumes, fêtes et farces. ◈ *Fin janv.-fév.*

Semaine pascale
2 Procession de la Croix au Colisée pour le Vendredi saint, et bénédiction papale du dimanche de Pâques depuis le balcon de Saint-Pierre.

Pentecôte
3 Une pluie de pétales de rose tombe par l'oculus du Panthéon (p. 14) avant une cérémonie. ◈ *Plan M3 • dim. de Pentecôte.*

Fêtes de saint Pierre et saint Paul
4 Fêtes et feux d'artifice pour honorer les fondateurs de l'Église catholique. ◈ *Piazza di San Paolo et via Ostiense • plan D6 • 28-29 juin.*

Madonna della Neve
5 Des pétales tombent du plafond de S. Maria Maggiore pour commémorer la vision papale d'une chute de neige en août, au IVe s. ◈ *5 août.*

Épiphanie
6 De bienveillantes sorcières distribuent des bonbons aux enfants sur la piazza Navona. ◈ *6 janv.*

Toussaint
7 Les Romains honorent leurs morts. ◈ *1er nov.*

Marché de Noël
8 On y trouve notamment confiseries et santons. ◈ *Piazza Navona • plan L3 • 1er déc.-6 janv.*

Messe de minuit la veille de Noël
9 La plupart des église célèbrent la naissance du Christ. Il faut réserver pour Saint-Pierre.

« Urbi et Orbi »
10 Bénédiction papale à midi, le jour de Noël, au balcon de Saint-Pierre.

Rome thème par thème

Gauche **Boutique Fendi** Droite **Via dei Condotti**

 Rues commerçantes

1 Via dei Condotti
Cette rue extrêmement chic est le fin du fin en matière de mode et d'élégance. Tous les grands noms de la haute couture italienne y sont installés : Gucci, Bulgari, Prada, Ferragamo, Armani, Trussardi, Valentino, etc. Dégriffes et soldes ne sont pas à l'honneur, mais vous y serez reçu royalement *(p. 111)*.

2 Via del Corso
En parcourant cette rue très centrale, plus communément apelée le Corso, vous trouverez de tout. Si les disquaires et les boutiques branchées prédominent, il y a également de beaux magasins de chaussures.
🕲 *Plan N1-3.*

3 Via Cola di Rienzo
C'est le meilleur endroit pour trouver des vêtements d'un bon rapport qualité/prix. Il y a aussi quelques boutiques de chaussures et un grand magasin. Castroni est l'une des meilleures épiceries de Rome et, pour les fromages, il faut se rendre chez Franchi *(p. 143)*.

4 Via Borgognona
Parallèle à la via dei Condotti, cette rue est tout aussi élégante, et de grands noms tels Dolce e Gabbana, Fendi, Ferrè, Givenchy et Versace y sont installés *(p. 114)*. De plus, vous trouverez les boutiques Fendi, Missoni et Krizia sur la piazza di Spagna à deux pas.

5 Via dei Coronari
Cette rue doit son nom aux fabricants et vendeurs de rosaires qui la bordaient quand elle était sur la route du pèlerinage vers Saint-Pierre. De nombreux antiquaires y sont aujourd'hui installés, mais leurs prix sont généralement excessifs, et la plupart des pièces sont importées *(p. 86-87)*.

6 Via del Babuino
Avec ses nombreux magasins de mode (Chanel, Armani, Tiffany, etc.), c'est l'une des rues les plus élégantes de Rome. N'hésitez pas à jeter un œil chez les antiquaires dont les superbes boutiques foisonnent d'objets anciens, de peintures et de meubles baroques *(p. 113)*.

7 Via Margutta
Cette petite rue est célèbre pour ses nombreux antiquaires.

Objets en verre, via del Babuino

Antiquaire, via Margutta

On trouve d'étonnants articles en vente aux nos 45 et 86. Le magasin au n° 109 propose des copies d'antiquités à des prix plus abordables *(p. 113)*.

Via Appia Nuova
Une rue commerçante populaire dans le quartier San Giovanni. Boutiques de luxe y côtoient échoppes, grands magasins et petites marques, comme Leam, Teichner et Barrita Boutique *(p. 130)*.

Via Nazionale
Cette rue est idéale pour faire du lèche-vitrines. Les prix sont raisonnables, et on y trouve des chaussures, des vêtements, des tapis orientaux, une librairie internationale, un excellent maroquinier et Frette, un magasin de draps très raffiné. *Plan R2.*

Via dei Giubbonari
Cette rue, qui doit son nom aux fabricants et vendeurs de *giubotti* (vestes) qui la bordaient autrefois, est réputée pour ses vêtements chic et ses prix très corrects. Chaussures et vêtements pour tous les goûts, pour hommes comme pour femmes, vous aurez l'embarras du choix *(p. 105)*.

Marchés

Porta Portese
Le plus grand marché aux puces de Rome prend place tous les dimanches matin. On y trouve de tout, des plantes aux antiquités. *Via Ippolito Nievo • plan C5.*

Campo de' Fiori
Célèbre marché de fruits et légumes en plein air, sur l'une des plus anciennes places de la ville *Plan L4.*

Via Mamiani
Le plus grand marché en plein air de Rome : viande, poisson, vêtements et articles ménagers. Tous les matins du lundi au samedi *(p. 130)*.

Via Sannio
Vêtements en tout genre. En semaine, tous les matins, et le samedi *(p. 130)*.

Mercato delle Stampe
Gravures anciennes et reproductions. Le matin, du lundi au samedi. *Largo della Fontanella di Borghese • plan M1.*

Marché Testaccio
Marché couvert très bien approvisionné en produits naturels. Le matin, du lundi au samedi. *Plan D6.*

Via Trionfale, marché aux fleurs
Fleurs coupées et toutes sortes de plantes bon marché. Mardi matin. *Plan B2.*

Borghetto Flaminio
Un marché aux puces installé dans un ancien dépôt de bus. Chaque dimanche de septembre à juillet. *Piazza della Marina 32 • plan D1 • EP.*

Piazza di San Cosimato
Marché de fruits et légumes très animé du Trastevere. Le matin, du lundi au samedi. *Plan C5.*

Quattro Coronati
Marché à l'ancienne. Le matin, du lundi au samedi. *Plan E4.*

Gauche et centre **Antico Caffè Greco** Droite **Caffè Rosati**

10 Cafés et gelateria

1 Antico Caffè Greco
En 1760, ce café fut la réponse romaine aux célèbres cafés littéraires de Paris. À deux pas de la piazza di Spagna, sur la via Condotti, c'est un endroit élégant à l'ancienne. Plusieurs salles confortables et raffinées sont décorées de photographies, gravures et autres souvenirs du XIXe s. De très nombreuses personnalités ont fréquenté ce café, de Goethe à Byron en passant par Casanova *(p. 116)*.

2 Caffè Sant'Eustachio
Le cappuccino le plus convoité de Rome provient d'une machine à café cachée derrière une plaque chromée, à l'abri des regards indiscrets en quête de la formule magique. Tout ce que l'on sait, c'est que l'eau vient d'un ancien aqueduc et que le café est pré-sucré. L'endroit est toujours bondé *(p. 96)*.

3 San Crispino
Parmi la pléthore de glaciers inégaux des alentours de la fontaine de Trevi, choisissez cette petite *gelateria* simple et élégante. La glace maison est à base de miel, mais il en existe aussi à base de fruits ou de noix, sans oublier celles arrosées de liqueur. ◈ *Via della Panetteria 42 • plan P2.*

4 Tre Scalini
L'endroit est avant tout réputé pour ses glaces, notamment pour son célèbre et délicieux *tartufo* (truffe) : une glace au chocolat nappée de morceaux de chocolat noir, de caramel, de crème fouettée couronnée d'une cerise *(p. 88)*.

5 Giolitti
Ce café, fondé en 1890, est la plus célèbre *gelateria* de Rome. Touristique et toujours bondé, mais excellent *(p. 96)*.

6 Gran Caffè Doney
Certes, le temps n'est plus où ce café était le rendez-vous branché de Rome, mais c'est toujours le plus grand café de la via Veneto. Dans les années 1950, toutes les célébrités romaines étaient attablées à sa terrasse (et à celle de son rival,

Giolitti, sans doute le plus célèbre glacier de Rome

le café de Paris, juste en face). Fellini a immortalisé cette époque dans *La Dolce Vita* *(p. 58)* à travers son personnage Paparazzo, photographe toujours à l'affût de vedettes *(p. 136)*.

7 Caffè Rosati
Le plus ancien des cafés de la piazza del Popolo, concurrent du Canova situé de l'autre côté de la place, a été fondé par deux des frères Rosati (le troisième avait repris le café familial de la via Veneto). Il arbore un décor Art nouveau d'origine *(p. 116)* et sa belle terrasse est admirablement située.

8 Gelarmony
Dans cet immense comptoir à glace populaire, les ingrédients arrivent directement de Sicile. Plus de 60 parfums à la carte, magnifiquement présentés. Mention spéciale pour la pistache. ◈ *Via Marcantonio Colonna 34 • plan C2 • 063202395 • €.*

9 Grom
On y sert un *gelato* artisanal fait à partir d'ingrédients locaux de qualité supérieure, mais en

Tazza d'Oro

quantités industrielles. La société possède sa propre ferme biologique, où sont cultivés les fruits. Prévoir une file d'attente. *(p. 96)*.

10 Tazza d'Oro
Le café brésilien est choisi avec soin, et on y sert le meilleur *espresso* de Rome (qui s'avère également être curieusement le moins cher de la ville). L'endroit est modeste, sans aucune excentricité et peu touristique, bien que tout proche du Panthéon. Seul un long comptoir pour consommer serpente au beau milieu des habitués *(p. 96)*.

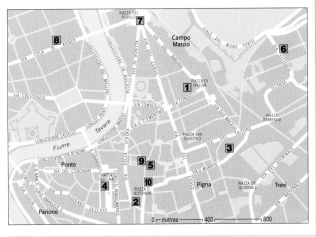

Gauche **Pizzeria da Ricci** Droite **Pizzeria da Baffetto**

TOP 10 Pizzerias

Pizzeria da Baffetto

Qu'elles soient petites ou grandes, les pizzas à pâte fine sont ici les meilleures de Rome, et il faut faire la queue pour les savourer. Le restaurant n'ouvre que le soir et ne sert sinon que des hors-d'œuvre comme la *bruschetta (p. 162)*. ✆ *Via del Governo Vecchio 114 • plan K3 • 06 686 1617 • €.*

Pizzeria da Ivo

La pizzéria la plus célèbre du Trastevere est désormais bien connue des touristes, mais sa clientèle locale lui est restée fidèle. Si les pizzas sont vraiment délicieuses, mieux vaut éviter les autres plats *(p. 148)*.

Pizzeria da Ricci

Cachée dans une impasse paisible, derrière la via Nazionale, cette pizzeria de style Liberty appartient à la famille Ricci depuis 1905. Les pizzas sont exquises, mais si petites que certains en commandent deux. Pour les accompagner, choisissez le *Est ! Est ! Est !*, un vin blanc doux du Latium *(p. 77)*. ✆ *Via Genova 32 • plan R2 • 06 488 1107 • f. lun. • €.*

Pizzeria Dar Poeta

Il est de coutume d'opposer la pizza romaine, fine et croustillante, à la napolitaine, épaisse et moelleuse. Dar Poeta ne s'en soucie guère et laisse la pâte lever toute la journée (et non une heure) pour obtenir une pizza fine et légère, garnie de produits d'une grande fraîcheur. Nichée dans une petite rue du Trastevere, l'établissement dispose de quelques tables à l'extérieur et d'une salle climatisée *(p. 148)*.

Pizzeria da Ivo

 ➡ *Prix des restaurants* **p. 89**

Pizzeria dar Poeta

Formula 1
Cette pizzeria est bruyante, toujours bondée, et il faut toujours faire la queue pour obtenir une table. Malgré cela, sa pizza typiquement romaine est très prisée par les autochtones, et les fleurs de courgettes frites sont délicieuses. ✆ *Via degli Equi 13 • plan G3 • 06 445 3866 • f. déj. et dim.* • €.

Acchiappafantasmi
On y déguste une pizza « primée » dont la forme évoque celle d'un fantôme avec des yeux en olives, ainsi qu'une demi-douzaine de plats calabrais. Le service est parfois un peu lent. ✆ *Via dei Cappellari 66 • plan K4 • 06 687 3462 • f. lun., mar. et ven. midi* • €.

PizzaRé
Cette mini-chaîne sert d'épaisses pizzas napolitaines cuites au four. À midi, menu bon marché : boisson, pizza, pâtes ou une viande. ✆ *Via di Ripetta 14 • plan D2 • 06 321 1468* • €.

Gaudì
Pizzas napolitaines, pâtes et desserts, dans une salle moderne ou en terrasse sur le toit, avec des lampes rouges pour demander un service rapide. Arrivez tôt : l'endroit est bondé et on ne peut pas réserver. ✆ *Via R. Giovannelli 8-12 • plan F1 • 06 884 5451 • f. sam.-dim. midi* • €.

Panattoni « L'Obitorio »
Cette institution du Trastevere est surnommée « la morgue » en raison du marbre froid des murs et des tables. L'accueil réchauffe l'atmosphère. Les pizzas romaines sont excellentes, tout comme les *suppli a telefono* (boulettes de riz frites farcies d'une mozzarella moelleuse). Ouvert tard. ✆ *Viale di Trastevere 53 • plan C5 • 06 580 0919 • f. mer. midi • pas de carte de paiement* • €.

Pizzeria La Montecarlo
Depuis des années, cette pizzeria qui reste ouverte tard est très appréciée des Romains, mais aussi des étudiants pour ses plats simples et bons. Service express agréable *(p. 89)*.

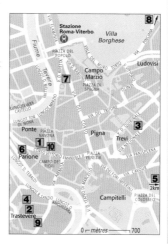

Gauche **La Pergola** Droite **Sapori del Lord Byron**

🔟 Restaurants

1 La Pergola

Ses trois étoiles au Michelin, la vue à couper le souffle et le chef de renommée internationale justifient l'addition salée de cet élégant restaurant. Sans doute la meilleure table en ville. Excellente carte des vins. Réservation et tenue correcte exigées *(p. 149)*.

2 Agata e Romeo

Près de Santa Maria Maggiore, Romeo Carracio gère ce restaurant de style Liberty, temple de la nouvelle cuisine romaine. Son épouse, Agata Parisella, règne en cuisine où elle prépare des plats très originaux de viande, de poisson ou de légumes frais.

Logo, Agata e Romeo

Ne manquez pas ses desserts exquis, tel le *millefoglie*, un mille-feuille crémeux à souhait *(p. 131)*.

3 La Gensola

Cette petite trattoria intime était au XIXe s. un repaire de peintres. C'est aujourd'hui une tête de pont de la cuisine sicilienne dans la capitale italienne. De nombreuses recettes ont pour base du poisson frais pêché. Prenez une table dans la salle de devant *(p. 149)*.

4 Sabatini

C'est l'un des restaurants les plus célèbres de Rome, et il bénéficie d'un emplacement exceptionnel, avec terrasse en été. Il propose une cuisine romaine raffinée et d'excellents fruits de mer. Les prix sont extrêmement élevés *(p. 149)*.

5 Sapori del Lord Byron

Situé dans l'un des petits hôtels les plus élégants de Rome, ce restaurant est réputé pour le talent de son chef dont la cuisine, mélange de plats italiens traditionnels et de créations originales, est une véritable œuvre d'art. C'est un endroit très raffiné. ✎ *Via G. de Notaris 5, hôtel Lord Byron • plan E1 • 06 361 3041 • f. lun., dim. et août • €€€€€.*

La Gensola

Da Cesaretto
6 Ouverte depuis 1886,
cette *osteria* très bien située
pratique toutefois des prix plutôt
corrects et propose une cuisine
copieuse composée de spécialités romaines (p. 76-77). Il n'y a ni
téléphone ni réservation, aussi
arrivez tôt pour éviter d'attendre.
⊗ *Via della Croce 39* • plan D2 • f. dim.
• pas de carte de paiement • €.

Piperno
7 Installé dans le ghetto
depuis 1856, c'est le meilleur
restaurant de spécialités
traditionnelles judéo-romaines
(et le plus cher) de la ville.
Le service est parfois un peu
désinvolte, mais les artichauts
sont exceptionnels (p. 107).

Antica Pesa
8 De nombreuses stars ont
dîné ici, comme l'attestent les
photographies à l'entrée. Des
fresques contemporaines,
une ambiance élégante et un
magnifique jardin composent
un cadre idéal pour apprécier
l'excellente cuisine
romaine. Optez pour
un classique, comme
l'*amatriciana*. La carte
des vins est complète
mais chère. ⊗ *Via Gari-
baldi 18* • plan C4 • 06 580
9236 • f. dim. • €€€€€.

Primo Al Pigneto
9 Le premier guide
gastronomique italien,
Gambero Rosso, a élu
Primo Al Pigneto
comme l'un des 10
meilleurs restaurants
servant de la haute
cuisine à prix
abordable. Pigneto
se trouve dans un
quartier branché un
peu éloigné du centre-

Piperno

ville, mais la table vaut le détour.
Les plats sont superbement
présentés, et le service est
cordial et professionnel.
Bars et pubs à proximité pour
boire un verre (p. 155).

Antica Birreria Peroni
10 Cette brasserie de 1906 est
parrainée par les plus grandes
marques de bières italiennes.
À midi, c'est le rendez-vous
des hommes d'affaires du
quartier. Le cadre est Art déco,
avec une fresque dédiée aux
bienfaits de la bière. Un buffet
ainsi que de délicieux plats
mélangent les influences
italienne et allemande (p. 117).

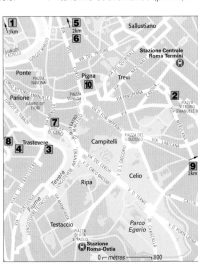

Prix des restaurants p. 89

Gauche **Gnocchi** Droite *Spaghetti alla carbonara*

🔟 Spécialités culinaires romaines

1 Saltimbocca
Cette savoureuse escalope de veau fond littéralement dans la bouche. Elle est recouverte de *prosciutto* et de feuilles de sauge, puis poêlée au vin blanc.

Bucatini all'amatriciana

2 Bucatini all'amatriciana
Ce plat doit son nom à Amatrice, une ville du nord du Latium nichée dans les Abruzzes, dont il est originaire. Les *bucatini* sont de longues pâtes en forme de tube, plus épaisses que les spaghettis. La sauce, à base de tomates et d'oignons, de *guanciale* (joue de porc) ou de *pancetta* (poitrine de porc), est relevée de piment et saupoudrée de *pecorino* râpé. L'*amatriciana bianca*, la version originale sans tomates (inconnues à l'époque en Italie), comprend du persil et du beurre.

3 Carciofi alla romana
Ce sont de délicieux artichauts braisés, dans un mélange d'eau et d'huile d'olive, souvent arrosés d'ail et de menthe.

4 Abbacchio scottadito
Agneau de lait rôti, succulent à « s'en brûler les doigts » tant on a hâte de le goûter. Quand l'*abbacchio* (agneau de lait) n'est plus de saison, le plat est préparé avec de l'*agnello* (agneau), moins tendre.

5 Spaghetti alla carbonara
Juste après la cuisson des pâtes, on ajoute un mélange composé d'un œuf cru, de parmesan râpé et de poivre noir, qui cuit directement sur les spaghettis. Des morceaux de *pancetta* (poitrine de porc) sont ensuite mélangés à l'ensemble. Une légende voudrait que cette recette soit inspirée des rations de l'armée américaine, mais cela reste une supposition !

Carciofi alla giudia

6 Carciofi alla giudia
Les artichauts sont écrasés avant d'être frits. Ce plat issu de la cuisine juive romaine est souvent servi avec des beignets de fleurs de courgettes, farcis de mozzarella et d'anchois.

Restaurants italiens traditionnels p. 125

7 Rigatoni alla pajata
Intestins de veau de lait, bouillis dans le lait de la mère dont ils sont encore emplis. Généralement hachés et nappés de sauce tomate, ils sont servis sur des pâtes. Cela peut paraître révoltant, mais c'est succulent.

8 Coda alla vaccinara
Queue de bœuf braisée dans un bouillon de céleri et de tomates. Comme la *pajata*, c'était une façon d'accommoder le *quinto quarto* (« le cinquième quart » inutilisable de la viande), un avantage en nature quotidien que

Coda alla vaccinara

les bouchers rapportaient chez eux au XIXᵉ s. Le Checchino dal 1887, un des meilleurs restaurant de Rome, en sert d'excellentes *(p. 125)*.

9 Gnocchi
Ces boulettes de pomme de terre et de farine de blé ont pour origine l'Italie du Nord, mais elles ont trouvé leur place dans presque toutes les cuisines régionales. Les restaurants les servent accompagnées de sauce tomate ou simplement de beurre et de sauge *(burro e salvia)*. Les *gnocchi alla romana* sont composés de semoule ou de farine de maïs, et gratinés au fromage.

10 Cacio e Pepe
Les plats les plus simples sont parfois les meilleurs. Les spaghettis *al dente* sont mélangés encore chauds avec du poivre noir concassé et du *pecorino* râpé (fromage de brebis, proche du parmesan).

Vins et liqueurs

1 Frascati
Ce vin blanc sec et fruité, originaire des collines du sud de Rome, est le plus célèbre cru du Latium.

2 Castelli romani
Proche cousin du frascati, ce vin blanc est issu du même cépage *trebbiano*.

3 Colli albani
Autre vin blanc issu du cépage *trebbiano* et originaire des collines du Latium.

4 Orvieto classico
Ce vin blanc sec du sud de l'Ombrie est si bon que le grand peintre Signorelli l'accepta un jour en paiement.

5 Est ! Est ! Est !
Dans un village du nord du Latium, le goûteur d'un évêque fut si ému par ce vin blanc doux qu'il se rua vers la porte et griffonna « Est ! Est ! Est ! » (« C'est celui-là ! »).

6 Torre ercolana
Un des grands vins rouges du Latium, issu de cépages cabernet et *cesanese*.

7 Chianti
Ce célèbre vin rouge de Toscane est très apprécié partout en Italie. Les bars et les restaurants de Rome ne font pas exception.

8 Lacrima Christi
Le célèbre « larmes du Christ » est un vin blanc originaire du redoutable Vésuve près de Pompéi *(p. 154)*.

9 Campari
Apéritif rouge et amer, meilleur mélangé avec de l'eau gazeuse ou de la limonade.

10 Grappa
Très âpre, cette eau-de-vie de marc de raisin est incontestablement le digestif le plus fort d'Italie.

Boire et manger **p. 162**

Gauche **Big Mama** Centre **Alexanderplatz** Droite **Noctambules romains**

🔟 Pubs, bars et clubs

1 Alexanderplatz
Ambiance garantie au meilleur endroit de Rome pour écouter du jazz. De grands musiciens italiens, voire même de réputation internationale, s'y produisent régulièrement. De plus, on y mange bien. Les réservations sont fortement conseillées *(p. 147)*.

Alexanderplatz

2 Casa del Jazz
Cette villa dotée de jardins luxuriants appartenait autrefois à un chef de la Mafia. Quand il fut arrêté, la maison et le terrain furent confisqués et convertis en un haut lieu du jazz à Rome. Outre les concerts, on y trouve une librairie sur le jazz, un café et une scène en plein air.
⊗ *Viale di Porta Ardeatina 55 • plan E6.*

3 Bartaruga
Des chandeliers, des sofas confortables, des murs bleus et un piano donnent à ce bar une ambiance bohême. En été, la clientèle envahit la *piazza* avec un mojito à la main, pour profiter de la splendide fontaine aux Tortues *(p. 106)*.

4 Big Mama
C'est le grand rendez-vous de jazz, blues, rhythm and blues et world music du

Trastevere. Le programme change tous les soirs et l'adhésion est possible au mois ou à l'année. Il faut choisir cette seconde option pour assister aux concerts des vendredis et samedis soirs *(p. 147)*.

5 Fiddler's Elbow
Toujours comble, ce pub irlandais est l'un des plus anciens de Rome. Les Italiens apprécient cet univers, et l'endroit devient étonnant quand des violons jouent à l'improviste.
⊗ *Via dell'Olmata 43 • plan F4.*

Est'd dal 1976

IRISH PUB

THE FIDDLER'S ELBOW
ROME
Via dell'Olmata, n° 43 (S. Maria Maggiore)
tel. 06.4872110   fax 06.48916763

Fiddler's Elbow

6 Trinity College
Sur deux niveaux, cet endroit chaleureux et gai, parfois bondé et bruyant, vous emmène en Irlande pour un voyage dans le temps. Le menu éclectique est composé de plats simples et bons, servis jusqu'à 1 h. Brunch le dimanche *(p. 96)*.

Vineria Reggio

Les Romains apprécient toujours beaucoup ce bar à vin historique. Enfumé, vraiment confortable et presque intime en hiver, il déborde largement sur le Campo de' Fiori en été. Le vin et la bière sont bon marché, surtout au bar, et les quelques plats sont fort bien choisis *(p. 106).*

Caffè della Pace

Caffè della Pace

C'est l'endroit idéal pour ceux qui aiment voir et être vus, notamment en été quand l'on peut s'installer à l'une des tables de la terrasse très tendance. En hiver, c'est à la fois plus intime et moins branché, même si les prix n'en sont pas moins élevés, comme dans la plupart des endroits du quartier *(p. 88).*
◎ *Via della Pace 5 • plan K3.*

Micca Club

Dans une ancienne cave à huile aux murs en brique, le DJ mixe des morceaux datant des années 1950-1970. Le club accueille des spectacles de strip-tease et de cabaret, ainsi qu'un marché aux puces le dimanche après-midi. Mieux vaut venir tôt, car une longue file d'attente se forme à l'entrée. ◎ *Via Pietro Micca 7A • plan G4 • www.miccaclub.com*

Charity Café

Au cœur du quartier Monti, ce café accueillant propose un riche programme de concerts de jazz et de blues. L'endroit idéal pour repérer de jeunes talents et écouter des musiciens célèbres. Bonne sélection de vins et de bières. Certains soirs, un buffet à volonté est servi.
◎ *Via Panisperna 68 • plan Q4 • 06 478 25881 • www.charitycafe.it.*

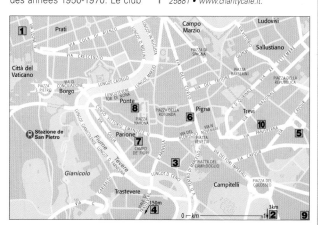

Pages suivantes : Trinità dei Monti et piazza di Spagna *(p. 109)*

VISITER
ROME

ROME TOP 10

Gauche **Piazza Navona** Droite **Corniche, palazzo Madama**

Quartier de la piazza Navona

*S*i la Rome antique est toujours perceptible dans le tracé de la piazza Navona et du palazzo Massimo alle Colonne, ce quartier se trouve néanmoins au cœur de la Rome baroque. L'architecture de la place, aux lignes incurvées et aux fontaines élaborées, compose une mise en scène théâtrale, due en grande partie au Bernin et à Borromini, les deux grands maîtres de l'époque. Les églises environnantes abritent des trésors signés, notamment, Rubens ou le Caravage. Le plan de la ville a été sans cesse remanié du XVIe au XVIIIe s. par les papes,

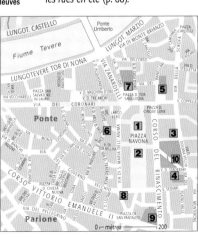

soucieux de faciliter l'accès à Saint-Pierre. Ainsi, au XIXe s., la piazza Navona devait être changée en boulevard et ne dut sa survie qu'à l'élargissement du corso del Rinascimento. Les environs de la piazza Navona constituent un quartier d'échoppes artisanales, et des antiquaires bordent la via dei Coronari (p. 87). Récemment, les allées étroites des alentours de la via della Pace sont devenues le centre de la vie nocturne, avec ses cafés, bars et clubs branchés dont la clientèle envahit les rues en été (p. 88).

Le Gange, fontaine des Quatre Fleuves

🔟 Les sites

1 Piazza Navona
2 Fontaine des Quatre Fleuves
3 San Luigi dei Francesi
4 Sant'Ivo
5 Sant'Agostino
6 Santa Maria della Pace
7 Palazzo Altemps
8 Pasquino
9 Palazzo Massimo alle Colonne
10 Palazzo Madama

1 Piazza Navona

L'une des plus jolies places piétonnes de Rome *(p. 46)* est rehaussée de fontaines et bordée de palais, tel le palazzo Pamphilj, d'églises, telle Sant'Agnese, et d'élégants cafés comme Tre Scalini *(p. 88)*. 🏛 *Plan L2.*

2 Fontaine des Quatre Fleuves

Œuvre du Bernin (1651), cette fontaine spectaculaire est ornée en son centre d'un obélisque dressé sur une île de travertin. Celui-ci est entouré d'allégories figurant les quatre grands fleuves connus à l'époque, représentant chaque continent : le Gange, le Danube, le Rio de la Plata et le Nil (dont la tête est voilée car on en ignorait la source). L'obélisque de granit égyptien est une copie romaine où sont inscrits en hiéroglyphes les noms de Vespasien, Titus et Domitien. 🏛 *Piazza Navona • plan L3.*

3 San Luigi dei Francesi

L'église des Français de Rome abrite, dans la deuxième chapelle de droite, des fresques du Dominiquin (1616-1617) assez abîmées. Toutefois, ce sont les trois œuvres magistrales du Caravage, dans la dernière chapelle de gauche, qui attirent tous les regards. L'approche naturaliste et plébéienne de l'artiste s'opposait aux canons esthétiques de la Contre-Réforme, et ses commanditaires refusèrent sa première version de *Saint Matthieu et l'Ange*, jugée

Piazza Navona

blasphématoire *(p. 45)*. Dans la *Vocation de saint Matthieu*, les esquisses sous-jacentes montrent clairement que, dans sa composition, l'artiste s'éloigne du symbolisme pour priviliégier le réalisme *(p. 49)*. 🏛 *Piazza di S. Luigi dei ' Francesi 5 • plan L2 • ouv. 10h-12h30 et 15h-19h. f. jeu. soir • EG.*

4 Sant'Ivo

Réalisée par Giacomo della Porta, la façade Renaissance du palazzo della Sapienza (1303) – l'ancienne université de Rome – cache une somptueuse cour. Composée d'un double étage d'arcatures, elle abrite une chapelle conçue par Borromini. L'architecture du dôme mêle des lignes concaves et convexes qui rejoignent la lanterne, surmontée d'une tour en spirale. L'intérieur est moins surprenant, mais renferme un retable de Pietro da Cortona. Le dôme est visible depuis la piazza Sant'Eustachio. 🏛 *Corso del Rinascimento 40 • plan L4 • église et cour : ouv. dim. 9h-12h • EG.*

Lanterne et clocher, Sant'Ivo

Bas-relief de pierre, palazzo Madama

des fresques des sibylles de Raphaël (1514), inspiré, dit-on, par la toute nouvelle chapelle Sixtine *(p. 10-11)*. La chapelle de l'autre côté fut décorée par Peruzzi, et le superbe cloître fut la première réalisation de Bramante à Rome. Désormais, des concerts y sont donnés. 🔊 *Via della Pace • plan L3 • ouv. lun., mer. et ven. 9h-12h • EG.*

Palazzo Altemps

Cet élégant palais du XVe s. fut remanié en 1585 par Martino Longhi, qui a sans doute réalisé la cour de stuc et de marbre, attribuée précédemment à Antonio da Sangallo le Jeune ou à Peruzzi. Les salles ornées de fresques abritent une partie des collections du Museo nazionale romano, offrant un cadre raffiné aux sculptures qui y sont exposées *(p. 28-31).*

Sant'Agostino

À droite de l'entrée, la très vénérée *Madonna del Parto* est de Jacopo Sansovino ; le *Prophète Isaïe*, sur le troisième pilier, est de Raphaël (1512). La *Madone des Pèlerins* du Caravage (1603-1606) est le plus grand chef-d'œuvre de l'église. L'artiste y exploite le thème de la Vision par une composition où le décor, en travertin et en stuc, est à peine suggéré. Malgré des pèlerins aux vêtements déchirés et aux pieds sales, le réalisme de l'œuvre n'est qu'apparent tant la Vierge, jeune, jolie, gracieuse et richement vêtue, demeure inaccessible. 🔊 *Piazza di Sant' Agostino 80 • plan L2 • ouv. t.l.j. 7h30-12h30 et 16h-18h30 • EG.*

Santa Maria della Pace

La façade de cette église, reconstruite par Baccio Pontelli (1480-1484) à la demande du pape Sixte IV, est agrémentée d'un élégant portique (1656) réalisé par Pietro da Cortona (1656). La voûte de la première chapelle de droite est ornée

Pasquino

Certains doutent que cette statue très abîmée ait jamais fait partie d'un groupe hellénistique figurant un épisode de la guerre de Troie. Toujours est-il qu'elle fut placée ici en 1501 et devint l'une des « statues parlantes » du célèbre Pasquino (encadré). 🔊 *Piazza di Pasquino • plan L3.*

Pasquino, piazza Pasquino

Arrière du palazzo Massimo alle Colonne

Palazzo Massimo alle Colonne

Ce chef-d'œuvre de Baldassare Peruzzi marque la transition entre l'architecture romaine de la fin de la Renaissance et le maniérisme théâtral qui devait aboutir au baroque. L'élégante façade à colonnades est ainsi incurvée, car Peruzzi, très attaché au patrimoine classique, décida d'épouser la courbe de l'odéon de Domitien, qui se trouvait au sud du stade de Domitien *(p. 50)*, sur les ruines duquel le palais fut édifié. ✪ *Corso Vittorio Emanuele II 141 • plan L3 • ouv. 16 mars seul. 7h-13h • EG.*

Palazzo Madama

Construit au XVIe s. pour le pape Léon X, de la famille Médicis, ce palais Renaissance fut agrémenté d'une belle façade baroque au XVIIe s. Il doit son nom à Marguerite d'Autriche. Le palais étant le siège du Sénat italien depuis 1871, les horaires et les conditions de visite sont limités. ✪ *Piazza Madama 11 • plan L3 • ouv. 1er sam. du mois 10h-18h. f. août, vis. guid. • EG.*

Une matinée autour de la piazza Navona

Commencez par la cour du palazzo della Sapienza pour admirer la splendide façade de **Sant'Ivo** *(p. 83)*. Traversez l'église par le bas-côté droit, puis sortez au fond sur la via della Dogana Vecchia. Si vous avez besoin d'un remontant, prenez à gauche puis à droite jusqu'à la piazza Sant'Eustachio (profitez-en pour jeter un œil à l'église si elle est ouverte). Du côté gauche de la place, vous aurez une belle vue sur le dôme de Sant'Ivo, et vous trouverez deux grands cafés : Camillo et Sant'Eustachio.

Retournez via della Dogana Vecchia et prenez à droite pour admirer les œuvres du Caravage à **San Luigi dei Francesi** *(p. 83)*. Remontez la rue jusqu'à la via delle Coppelle et tournez à gauche pour voir **Sant'Agostino**, et d'autres œuvres du Caravage. Allez jusqu'à la piazza delle Cinque Lune, et descendez sur la gauche le corso del Rinascimento jusqu'à **Ai Monasteri** *(p. 87)* pour jeter un œil aux liqueurs et autres produits fabriqués par les moines.

Au coin se trouve le **palazzo Altemps** et sa statuaire classique. Après une bonne heure de visite, détendez-vous en vous promenant parmi les artistes de rues et les splendides fontaines de la **piazza Navona** *(p. 83)*. Déjeunez ensuite, ou goûtez au moins le célèbre *tartufo*, chez **Tre Scalini** *(p. 88)*, avant de terminer par un lèche-vitrines bien mérité chez les antiquaires de la **via dei Coronari** *(p. 86-87)*.

Visiter Rome – Quartier de la piazza Navona

Gauche **Palazzo Pamphilj** Droite **Statue de sainte Agnès, Sant'Agnese in Agone**

🔟 Autres visites

1 Sant'Agnese in Agone
Église dédiée à sainte Agnès qui, exposée nue ici même avant son martyre, aurait été recouverte miraculeusement par sa longue chevelure. La façade concave est l'œuvre de Borromini. ◉ *Piazza Navona • plan L3 • ouv. mar.-sam. 9h30-12h30 et 15h30-19h, dim. et vac. 10h-13h et 16h-19h • EG.*

2 Stade de Domitien
Bâtie sur les vestiges de ce stade construit en 86, la piazza Navona épouse l'ovale de l'arène. ◉ *Piazza di Tor Sanguigna 13 • plan L2 • 06 0608 • ouv. seul. pour certaines occasions • EP.*

3 Maga Morgana
Il y a deux boutiques Maga Morgana dans cette *via*, mais c'est au n°27 que sont les belles pièces vintage. ◉ *Via del Governo Vecchio 27 • Plan K3.*

4 Palazzo Pamphilj
Magnifique palais du XVIIe s. Superbes fresques de Pietro da Cortona. ◉ *Piazza Navona 14 • plan L3 • ouv. mar. sur r.-v. seul. • EG.*

5 Chiesa Nuova
La coupole et l'abside de l'église (1575) sont peintes par Pietro da Cortona. Le chœur abrite trois toiles de Rubens. ◉ *Piazza della Chiesa Nuova/via del Governo Vecchio • plan K3 • ouv. t.l.j. 7h30-14h30 et 16h30-19h30 • EG.*

6 Palazzo Braschi
Dernier palais édifié à Rome pour une famille papale, son style Renaissance de Cosimo Morelli (1791-1811) s'harmonise avec la place. Il abrite le musée de Rome. ◉ *Via di San Pantaleo 10 • plan L3 • ouv. mar.-dim. 9h-19h • EP.*

7 Sant'Antonio dei Portoghesi
Près de cette église baroque s'élève la torre della Scimmia, rare vestige de la Rome médiévale. ◉ *Via dei Portoghesi 2 • plan L2 • ouv. lun.-ven. 8h30-13h et 15h-18h, sam. 8h30-12h, dim. 9h-12h • EG.*

8 Santa Maria dell'Anima
Cette église dorée abrite un retable de Giulio Romano et la tombe d'Adrien VI par Peruzzi (1523). ◉ *Vicolo della Pace 20 • plan L2 • ouv. t.l.j. 9h-12h45 et 15h-19h • EG.*

9 Museo napoleonico
Tableaux, meubles et objets d'art de la famille Bonaparte. ◉ *Piazza di Ponte Umberto I • plan L2 • ouv. mar.-dim. 9h-18h • EP.*

10 San Salvatore in Lauro
L'*Adoration des bergers* de Pietro da Cortona (1630) orne

cette église. On y trouve le tombeau du pape Eugène IV, ainsi que de jolis tableaux maniéristes. ◉ *Piazza di S. Salvatore in Lauro 15 • plan K2 • ouv. lun.-sam. 16h30-19h, dim. 8h-13h et 16h30-19h • EG.*

Gauche **Jouets anciens** Droite **Ai Monasteri**

TOP10 Boutiques

1 Antica Cappelleria Troncarelli

Certes, la boutique est minuscule, mais c'est toujours l'une des plus grandes merceries de Rome. Elle a été fondée en 1857. ✪ *Via della Cuccagna 15 • plan L2.*

2 Ai Monasteri

Tous les monastères italiens acheminent leurs produits artisanaux dans cette boutique : miel, liqueurs, produits de beauté, élixirs, etc. ✪ *Corso Rinascimento 72 • plan L2.*

3 Antiqua Domus

Assez grande, cette boutique expose et vend notamment des meubles des XVIIIe et XIXe s. Quelques objets Empire méritent un petit détour si vous souhaitez rapporter un peu de l'élégance romaine. ✪ *Via dei Coronari 39 • plan K2.*

4 Gea Arte Antica

Si vous cherchez un souvenir de la Rome antique, le choix est vaste : on y trouve de simples lampes à huile comme d'exquis vases peints. ✪ *Via dei Coronari 233A • plan K2.*

5 Massimo Maria Melis

Bijoux uniques sertis sur des pièces d'or de 21 carats, des pierres et des verreries d'époque étrusque, romaine ou médiévale. ✪ *Via dell'Orso 57 • plan L2.*

6 D Cube

Cette petite boutique vend des articles design pour la maison et le jardin, ainsi que des « cadeaux pour des gens qui ont déjà tout ». ✪ *Via della Pace 38 • plan K3 • www.dcubedesign.it*

7 Dott. Sergio de Sanctis

Objets d'art uniquement italiens, principalement des meubles allant du XVIIIe au début du XXe s., et des miroirs dorés. ✪ *Via dei Coronari 218-219 • plan K2.*

8 Too Much

Cette boutique colorée porte bien son nom. Sur deux étages, dénichez des gadgets amusants pour la maison, des objets design et des petits souvenirs originaux. ✪ *Via Santa Maria dell'Anima 29 • plan L3.*

9 Calzoleria Petrocchi

Bruno Ridolfi propose des chaussures sur mesure raffinées d'excellente qualité. Une tradition héritée de son oncle, Tito Petrocchi, qui chaussait régulièrement les grandes vedettes de la scène et de l'écran dans les années 1950 et 1960. ✪ *Via dell'Orso 25 • plan L2.*

10 Nardecchia

Belles gravures, photographies et aquarelles anciennes allant des orignaux de Piranesi aux œuvres du XXe s. ✪ *Piazza Navona 25 • plan L3.*

Gauche **Tre Scalini** Droite **Abbey Theatre Irish Pub**

10 Cafés et bars chic

Tre Scalini
Situé juste sur la place, ce grand café est célèbre pour son délicieux *tartufo* maison, une exquise crème glacée au chocolat à goûter absolument *(p. 70)*. ✪ *Piazza Navona 28 • plan L3.*

Bistrot du Chiostro del Bramante
Un café de musée moderne avec des tables agréables en terrasse, qui dominent le cloître baroque. Les murs de la salle exposent des œuvres d'art contemporain. Arrêtez-vous pour siroter un café ou un délicieux chocolat chaud, ou déguster les salades copieuses. ✪ *Via della Fossa 16 • plan K3.*

Abbey Theatre Irish Pub
Confortable et intime, ce pub irlandais a su conserver ses distances avec le tohu-bohu qui accompagne l'animation nocturne du quartier. Guinness, snacks et accès Internet. ✪ *Via del Governo Vecchio 51-53 • plan K3.*

Caffè della Pace
Avec ses élégantes tables en bois et sa façade crème, ce café est idéal pour se détendre à toute heure de la journée *(p. 79)*. ✪ *Via della Pace 5 • plan K3.*

Bull Dog Inn
Fréquenté par des étudiants du monde entier, ce bar américain est très animé le soir. ✪ *Corso Vittorio Emanuele II 107 • plan L4.*

Bloom
Le Clochard, une défunte boîte de nuit, s'est transformé en 2001 en un bar moderne jazzy fréquenté par des célébrités et des joueurs de football. ✪ *Via del Teatro Pace 30 • plan L3.*

Bramante
Café-bar d'une élégance rare pour le quartier. Le menu est original, la clientèle jeune et chic. ✪ *Via della Pace 25 • plan L3.*

Societé Lutèce
Les Romains adorent ce petit bar où des pâtes et des mets végétariens présentés en buffet accompagnent pour 5 € un apéritif, du vin ou une bière. ✪ *Piazza di Montevecchio 17 • plan K3.*

La Botticella
Avec quelques tables en terrasse, au cœur de la Rome noctambule, cette petite *birreria* (brasserie) est toujours bondée. Bières Devil's Kiss et Castelmaine « XXXX » à la pression. ✪ *Via di Tor Millina 32 • plan L2.*

Old Bear
Un large choix de bières et une sélection éclectique de plats. Des musiciens se produisent au sous-sol. ✪ *Via dei Gigli d'Oro 3 • plan L2.*

Catégories de prix

Pour un repas avec
entrée, plat et dessert,
une demi-bouteille de
vin, taxes et service
compris.

€ moins de 30 €
€€ de 30 à 40 €
€€€ de 40 à 50 €
€€€€ de 50 à 60 €
€€€€€ plus de 60 €

Ci-dessus **Il Convivio Troiani**

TOP 10 Où manger

1 Da Francesco
Jambon cru, salade de fruits de mer et plats végétariens comptent parmi les choix offerts par le buffet de hors-d'œuvre. ✎ *Piazza del Fico 29 • plan K2-3 • 06 686 4009 • AH • €.*

2 Terra di Siena
L'un des meilleurs restaurants toscans de Rome propose recettes traditionnelles et ingrédients importés de fermes des alentours de Sienne. ✎ *Piazza Pasquino 77-78 • plan L3 • 06 6830 7704 • f. dim. • €€.*

3 Lilli
Dirigé par un ancien footballeur, ce restaurant se cache dans une rue parallèle au boulevard qui longe le Tibre. La cuisine est typiquement romaine. ✎ *Via Tor di Nona 26 • plan L2 • 06 686 1916 • f. lun., dim. soir • €.*

4 Il Convivio Troiani
L'un des meilleurs restaurants du centre, à essayer pour une grande occasion. Recettes traditionnelles, toujours en fonction de la saison, et excellente carte des vins. ✎ *Vicolo dei Soldati 31 • plan L2 • 06 686 9432 • f. dim. • €€€€€.*

5 Cul de Sac
Un des plus vieux bars à vin de Rome, avec beaucoup d'étiquettes à la carte. Le meilleur choix près de la piazza Navona, même si l'on est un peu à l'étroit dedans comme dehors. ✎ *Piazza Paquino 73 • plan L3.*

6 Pizzeria La Montecarlo
Cette pizzeria appartient aux enfants du propriétaire de la pizzeria da Baffetto. L'endroit est moins animé, mais le service y est plus rapide (p. 73). ✎ *Vicolo Savelli 12 • plan K3 • 06 686 1877 • f. dim. • €.*

7 Tre Archi
Trattoria de quartier avec deux petites salles et un menu romain réputé. ✎ *Via dei Coronari 233 • plan K2 • 06 686 5890 • f. dim. • €.*

8 Fraterna Domus
Repas collectif dans un hospice dirigé par des religieuses. Menu unique avec soupe ou pâtes, viande, salade et fruit. ✎ *Via di Monte Brianzo 62 • plan L1 • 06 6880 5475 • f. jeu. • €.*

9 Zio Ciro
Cette pizzeria est appréciée tant pour ses repas al fresco que pour les grandes pizzas dont on peut choisir la garniture (deux à trois aliments). ✎ *Via della Pace 1 • plan K3 • 06 686 4802 • €.*

10 Antica Taverna
Les propriétaires font venir la ricotta et le lapin des collines sabines. ✎ *Via di Monte Giordano 12 • plan K3 • 06 6880 1053 • €.*

Gauche **Piazza Sant'Ignazio** Droite **Frise, Ara Pacis**

Quartier du Panthéon

D ans la boucle du Tibre, ce vaste quartier est l'ancien Champ de Mars (Campo Marzio) où s'entraînait l'armée romaine. Après la chute de l'Empire, Rome s'en détourna et seuls quelques étrangers s'y installèrent. Jusqu'au XVᵉ s., rien de notable n'y fut édifié à l'exception de quelques églises. Avec l'avènement du baroque, le quartier s'enrichit de palais et d'églises somptueux qui lui donnèrent son caractère majestueux. Dans les années 1920-1930, Mussolini entreprit de lui rendre tout son éclat antique en faisant dégager le mausolée d'Auguste, reconstituer l'Ara Pacis et bâtir nombre d'édifices monumentaux rehaussés de bas-reliefs à la gloire du régime.

Marcus Agrippa, Ara Pacis

🔟 Les sites

1 Panthéon
2 Santa Maria sopra Minerva
3 Galleria Doria Pamphilj
4 Musée Ara Pacis
5 Sant'Ignazio di Loyola
6 Colonne de Marc Aurèle
7 Mausolée d'Auguste
8 Piazza di Sant'Ignazio
9 Éléphant du Bernin
10 Piazza della Rotonda

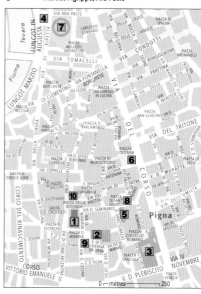

1 Panthéon

« Simple, droit, sévère, austère, sublime », lord Byron lui-même s'est efforcé de décrire au mieux cette merveille de l'architecture antique. C'est le seul temple romain à être resté pratiquement intact (p. 14-15).

2 Santa Maria sopra Minerva

La seule église gothique de Rome fut édifiée, comme son nom le suggère, à l'emplacement d'un temple dédié à Minerve. L'église abrite un *Christ portant sa croix* (1514-1521), commencé par Michel-Ange puis recouvert d'un fin drapé de bronze, et de splendides fresques de Filippino Lippi dans la dernière chapelle de droite, où sont dépeints Giovanni et Giulio de'Medici, futurs papes Léon X et Clément VII. Dans l'abside, les tombeaux de ces derniers ont été réalisés par Antonio da Sangallo le Jeune. Fra Angelico et sainte Catherine de Sienne y sont aussi inhumés (p. 44). ◈ *Piazza della Minerva 42 • plan M3 • ouv. lun.-sam. 7h10-19h, dim. 8h-12h et 14h-19h • AH • EG.*

Nef, Santa Maria sopra Minerva

Arcs de soutènement, Panthéon

3 Galleria Doria Pamphilj

C'est la plus belle collection privée de Rome. En plus d'œuvres du Tintoret, du Corrège, de Rubens, Carrache, Vélasquez ou Bruegel, on y admire trois œuvres du Caravage (*Repos de la fuite en Égypte*, *Madeleine repentante* et une copie du *Saint Jean-Baptiste* du Capitole), une *Salomé* de Titien, et le célèbre buste du pape Innocent X réalisé par le Bernin (p. 42). ◈ *Via del Corso 305 • plan N3 • ouv. t.l.j. 9h-19h • www.doria pamphilj.it • AH • EP : 11 €.*

4 Musée Ara Pacis

Cet « Autel de la paix » d'Auguste fut construit sur ordre du Sénat, entre 13 et 9 av. J.-C. Ses splendides frises et bas-reliefs célèbrent la *pax romana* (paix romaine) que l'empereur instaura sur le bassin méditerranéen. Situé à l'origine sur le Corso, il fut petit à petit reconstitué ici par les archéologues en 1937-1938, à la demande de Mussolini. Grâce aux tableaux de l'architecte Richard Meier, l'Ara Pacis repose aujourd'hui dans un nouvel écrin de verre, symbole d'une Rome à la fois moderne et antique. ◈ *Lungotevere in Augusta • plan D2 • 06 0608 • ouv. mar.-dim. 9h-19h • www.arapacis.it • EP.*

Bas-reliefs, colonne de Marc Aurèle

c'est une imitation de la colonne Trajane *(p. 23)* : une hélice ornée de bas-reliefs se déroule sur toute sa hauteur (29,50 m). Au sommet, les statues de l'empereur et de son épouse ont été remplacées en 1588 par celle de saint Paul, à la demande de Sixte V.
Piazza Colonna • plan N2.

Sant'Ignazio di Loyola

Édifiée au XVIIe s., cette église baroque, dédiée au fondateur de la Compagnie de Jésus, ne comporte pas de coupole. Pour pallier ce manque, Andrea Pozzo, maître du trompe l'œil, s'est employé à créer l'illusion d'une coupole dotée d'un lanternon, en peignant l'ensemble sur une toile tendue au-dessus du transept. Depuis le disque de marbre jaune au centre de la nef, l'effet est saisissant. Pozzo est également l'auteur du *Triomphe de saint Ignace* qui orne la voûte de la nef. *Piazza di S. Ignazio • plan N3 • ouv. t.l.j. 7h30-12h20 et 15h-19h20 • EG.*

Colonne de Marc Aurèle

Érigée après la mort de l'empereur pour commémorer ses victoires sur les Germains (172-173) et sur les Sarmates (174-175),

Du bon usage des temples

De nombreux temples romains ont changé de vocation. Le Panthéon est devenu une église et le temple d'Hadrien, la Bourse. San Clemente et Santa Maria sopra Minerva ont été édifiées sur d'anciens temples (Mithra et Minerve). Au XIe s., des colonnes antiques ont permis d'édifier San Lorenzo in Miranda (Forum) et San Nicola in Carcere (via Teatro di Marcello).

Mausolée d'Auguste

Cette tombe fut construite par Auguste en 27 av. J.-C. L'empereur y fut inhumé dans un tombeau au centre, et les niches latérales accueillirent les cendres de membres de sa famille, les Julio-claudiens. Les urnes furent détruites lors des invasions barbares et le travertin réutilisé pour d'autres édifices. Tombé en ruine, le mausolée devint une forteresse, un jardin puis une salle de concert. Dans les années 1920, le tertre fut restauré et planté de cyprès, et Mussolini fit dessiner la pompeuse piazza. *Piazza Augusto Imperatore • plan D2 • ferm. pour restauration • EP.*

Piazza di Sant'Ignazio

Cette gracieuse place fut conçue par Francesco Raguzzini en 1727-1728, à la demande des

Mausolée d'Auguste

Piazza della Rotonda

Jésuites. Typiquement baroque, c'est un véritable décor théâtral aux façades ingénieusement incurvées, et aux fenêtres et balcons très ornés. ◎ *Plan M2.*

Éléphant du Bernin

9 Réalisé par Ercole Ferrata en 1667, ce petit éléphant de marbre a été dessiné par le Bernin, qui y a hissé la même année un obélisque égyptien miniature du VIe s. av. J.-C. C'est un clin d'œil à Hannibal, le célèbre général carthaginois qui traversa les Pyrénées et les Alpes avec des éléphants pour attaquer l'Empire romain en 218 av. J.-C. ◎ *Piazza della Minerva • plan M3.*

Piazza della Rotonda

10 Jusqu'en 1847, cette place accueillait un marché quotidien animé, et certaines colonnes du portique du Panthéon gardent encore les trous des poteaux des étals. Bordée de terrasses de cafés et très fréquentée par les visiteurs, elle est ornée d'une belle fontaine de Giacomo della Porta (1575),elle-même surmontée en 1711 d'un obélisque égyptien dédiéà Ramsès II et provenant du Champ de Mars. ◎ *Plan M3.*

Promenade matinale autour du Panthéon

🕐 Commencez par un cappuccino au **caffè Sant'Eustachio** *(p. 96)*. Prenez la salita de' Crescenzi jusqu'à la **piazza della Rotonda**, où se dresse le magnifique Panthéon *(p. 14-15)*. Dirigez-vous vers la piazza di Minerva pour admirer l'**Éléphant du Bernin** et la façade de **Santa Maria sopra Minerva** *(p. 91)*, sans oublier les chefs-d'œuvre de l'église.

La via S. Caterina da Siena devient la via Piè di Marmo (vous apercevrez à droite le célèbre pied de marbre antique). La rue débouche sur une longue place bordée par la façade de la **galleria Doria Pamphilj** *(p. 91)*. Après avoir admiré des œuvres du Caravage, du Tintoret et du Bernin, prenez la via Lata à l'est de la place, puis le Corso jusqu'à **Santa Maria in Via Lata** *(p. 94)*. Sur le Corso, tournez à gauche pour arriver à la **piazza Sant'Ignazio** où se dresse **Sant'Ignazio di Loyola** et sa splendide coupole en trompe l'œil. Passez derrière les palais pour arriver piazza di Pietra où une ruelle conduit à la **colonne de Marc Aurèle**. 🍨 Dégustez une glace chez **Giolitti** *(p. 96)*.

À l'est, la via del Leone mène à la piazza Borghese avec son marché aux gravures anciennes et le **palazzo Borghese** *(p. 94)*. Plus au nord se trouve la piazza Augusto Imperatore, bordée de plusieurs églises, du mausolée d'Auguste et de l'Ara Pacis *(p. 91)*. 🍴 Déjeunez chez '**Gusto** *(p. 117)*.

Gauche **Fontanella del Facchino** Droite **Temple d'Hadrien divinisé**

🔟 Autres visites

1 Temple d'Hadrien divinisé
Onze colonnes corinthiennes de marbre blanc restent de ce temple élevé par Antonin en 145. 🅢 *Piazza di Pietra 9A • plan M2 • accès à l'extérieur seul. (év. culturels seul.)*

2 Santa Maria Maddalena
Avec sa façade incurvée et rococo de Giuseppe Sardi (1735), cette église est un chef-d'œuvre de la fin du baroque. 🅢 *Piazza della Maddalena 53 • plan M2 • ouv. dim.-ven. 8h30-11h30 et 17h-18h30, sam. 8h30-11h30 • EG.*

3 Piè di Marmo
Ce gigantesque pied de marbre revêtu d'une sandale est le fragment d'une statue inconnue. 🅢 *Via del S. Stefano del Cacco, via di Piè di Marmo • plan N3.*

4 San Lorenzo in Lucina
Fondée au IVe s. et rebâtie au début du XIIe s., l'église abrite la chapelle Fonseca, dessinée par le Bernin, et une *Crucifixion* de Guido Reni. 🅢 *Piazza di S. Lorenzo in Lucina 16 • plan M1 • ouv. t.l.j. 8h-20h • EG.*

5 Palazzo di Montecitorio
Commencé par le Bernin et achevé par Fontana, ce palais abrite la Chambre des députés depuis 1871. 🅢 *Piazza di Montecitorio 33 • plan M2 • 06 676 01 • ouv. 1er dim. du mois 10h-15h30 • EG.*

6 Piazza di Montecitorio
L'obélisque central faisait partie autrefois d'un cadran solaire construit par Auguste, non loin de l'Aria Pacis *(p. 91)*. 🅢 *Plan M1.*

7 Palazzo Borghese
À cet étrange « clavecin » commencé par Vignola en 1560, Flaminio Ponzio ajouta notamment l'aile qui domine la place. 🅢 *Via Borghese et via di Ripetta • plan M1 • EG.*

8 Santa Maria in Via Lata
La façade et le vestibule sont de Pietro da Cortona (1660) ; le maître-autel est du Bernin (1639-1643). Les fresques du VIe s. sont à la crypte Balbi *(p. 52)*. 🅢 *Via del Corso 306 • plan N3.*

9 Fontanella del Facchino
L'eau de cette fontaine du XVIe s., aujourd'hui scellée dans le mur de la Banco di Roma, jaillit du tonneau d'un porteur d'eau. 🅢 *Via Lata, derrière via del Corso • plan N3.*

10 Piazza Sant'Eustachio
Cette charmante place abrite un clocher et deux cafés qui prétendent servir le meilleur cappuccino de Rome. De plus, elle offre une vue imprenable sur Sant'Ivo *(p. 93)*. 🅢 *Plan M3.*

Gauche **Davide Cenci** Droite **Il Papiro**

Top 10 Boutiques

Davide Cenci
Confection féminine et masculine depuis 1926, dont la ligne originale est intemporelle. On y trouve aussi des marques internationales comme Ralph Lauren ou Church's. ✆ *Via di Campo Marzio 1-8 • plan M2.*

Vittorio Bagagli
Très beaux articles ménagers depuis 1855, avec des ustensiles de cuisine signés Alessi et des machines à espresso Pavoni. ✆ *Via di Campo Marzio 42 • plan M2.*

Simotti Rocchi
Spécialiste des antiquités étrusques, grecques et romaines. On y trouve de tout (pièces de monnaie, vases, statues, etc.) à des prix très intéressants (simples pièces ou bustes en terre cuite à partir de 75 €). ✆ *Largo di Fontanella della Borghese 76 • plan M1.*

Mercato dell'Antiquariato
Charmant marché composé d'environ 17 antiquaires spécialisés dans les gravures et les livres anciens. ✆ *Piazza Borghese • plan M1.*

Città del Sole
Succursale d'une chaîne de jouets italienne de premier ordre, avec les meilleurs jeux éducatifs. ✆ *Via della Scrofa 65 • plan L1.*

Poggi dal 1825
Un des plus célèbres magasins de fournitures d'art de Rome. On y trouve tout : de la peinture à l'huile, des carnets à croquis, des crayons, des fusains... ✆ *Via del Gesù 14.*

Il Papiro
Succursale romaine d'une chaîne florentine réputée. Nombreux articles de papier marbré coloré, souvenirs et stylos. ✆ *Via del Pantheon 50 • plan M3.*

Campo Marzio Design
Le magasin propose sa propre ligne de stylos à plume plaqués argent, mais aussi tout le nécessaire pour écrire et dessiner. ✆ *Via di Campo Marzio 41 • plan M2.*

Campomarzio 70
Parfumerie de luxe avec les meilleures marques italiennes et des cosmétiques sophistiqués, ainsi que les créations artisanales de grands parfumeurs.
✆ *Via di Campo Marzio 70 • plan M2.*

Bartolucci
Les jouets, horloges et meubles sont fabriqués en bois par des artisans italiens. On y trouve chevaux à bascule et jolies marionnettes. ✆ *Via dei Pastini 98*

Gauche **Caffè Sant'Eustachio** Droite **Cremeria Monteforte**

Cafés, glaciers et bars

Giolitti
Ce grand café du XIXe s. est unanimement réputé pour servir les meilleures glaces de Rome *(p. 70)*. ◈ *Via degli Uffici del Vicario 40 • plan M2.*

Caffè Sant'Eustachio
Ici, vous dégusterez le meilleur cappuccino de Rome. La recette en est, bien sûr, tenue secrète *(p. 70)*. ◈ *Piazza Sant'Eustachio 82 • plan M3.*

Trinity College
Proche du Corso, ce pub très populaire possède un bar au rez-de-chaussée et sert des plats savoureux à l'étage *(p. 78)*. ◈ *Via del Collegio Romano 6 • plan N3.*

Black Duke
Ce pub irlandais authentique et confortable propose une cuisine de bistrot et une terrasse en été. ◈ *Via della Maddalena 29B • plan M2.*

Grom
Cette chaîne de glaciers 100 % bio a conquis le pays, grâce à ses recettes de glaces à l'ancienne. ◈ *Via della Maddalena 30A • plan M2.*

Tazza d'Oro
La « maison du café » de Rome depuis 1946. Sa fidèle clientèle jure que ce bar sert le meilleur café de la ville *(p. 71)*. ◈ *Via degli Orfani 84 • plan M2.*

Enoteca al Parlamento
Situé près du Parlement italien, ce bar à vin élégant et éthéré est très apprécié du personnel politique. ◈ *Via dei Prefetti 15 • plan M1.*

Capranica
Avec ses nombreuses rangées de bouteilles, sa cave bien pourvue et un grand choix de crus, ce restaurant et bar à vin est l'endroit idéal pour un simple *aperitivo* ou un lunch *affresco* détendu. ◈ *Piazza Capranica 104 • plan M2.*

Cremeria Monteforte
Malgré une situation très touristique (près du Panthéon), ce glacier a su rester authentique. Il est gardé à l'entrée par un Pinocchio en bois. On y sert la meilleure glace à la fraise de Rome, mais aussi d'appétissants mariages comme le chocolat à l'orange *(p. 14)*. ◈ *Via della Rotonda 22 • plan M3.*

Pascucci
On y déguste indiscutablement les meilleurs milk-shakes et crèmes de la ville. Pascucci les décline dans tous les parfums et assortiments. ◈ *Via di Torre Argentina 20 • plan M4.*

Catégories de prix

Pour un repas avec
entrée, plat et dessert,
une demi-bouteille
de vin, taxes et service
compris.

€ moins de 30 €
€€ de 30 à 40 €
€€€ de 40 à 50 €
€€€€ de 50 à 60 €
€€€€€ plus de 60 €

Ci-dessus **Obikà**

🍽🔟 Où manger

1 L'Eau Vive
Parmi des fresques du XVIe s., des sœurs converses du monde entier en costumes nationaux servent une cuisine française raffinée et des plats de leurs pays d'origine. On y chante l'*Ave Maria de Lourdes* avant les crêpes flambées. Ce lieu est une œuvre caritative. ✆ *Via Monterone 85 • plan M3 • 06 6880 1095 • f. dim. • €€.*

2 Il Bacaro
Il faut réserver dans cette minuscule *osteria*. L'intérieur est moderne mais, en terrasse, près des murs couverts de lierre, on se sent vraiment à Rome. Plats traditionnels de toute l'Italie. ✆ *Via degli Orti Spagnoli 27 • plan M2 • 06 687 2554 • €€.*

3 Osteria dell'Ingegno
Bar à vin moderne et populaire qui propose de copieux plats de viande et de fromage. ✆ *Piazza di Pietra 45 • plan N2 • 06 678 0662 • €€.*

4 Trattoria Enoteca Corsi
Ce magasin de vin est peu à peu devenu un restaurant (le midi seul.) servant une cuisine traditionnelle à des prix abordables. Menu du jour au tableau. ✆ *Via del Gèsu 87 • plan N3 • 06 679 0821 • f. dim. • €.*

5 Maccheroni
Sa cuisine ouverte lui donne un air de bistrot parisien, mais le menu est très romain. ✆ *Piazza delle Coppelle 44 • plan M2 • 06 6830 7895 • €€€.*

6 Ristorante Boccondivino
Restaurant chic, agrémenté d'œuvres contemporaines et qui dispose d'une terrasse. ✆ *Piazza Campo Marzio 6 • plan M2 • 06 6830 8626 • f. dim. • €€€.*

7 Trattoria
Légers et parfumés, les plats sont d'inspiration sicilienne. ✆ *Via del Pozzo delle Cornacchie 25 • plan L2 • 333 468 9106 • f. dim. • €€€.*

8 Settimio all'Arancio
Excellente cuisine romaine traditionnelle. ✆ *Via dell'Arancio 50-52 • plan M1 • 06 687 6119 • f. dim. • €€.*

9 Da Gino
Voûtes en trompe l'œil et cuisine digne de celle de *nonna* (mamie). ✆ *Vicolo Rosini 4 • plan M1 • 06 687 3434 • f. dim. • €.*

10 Obikà
Bar à mozarella. Préparez vos papilles à une explosion de saveurs ! ✆ *Piazza di Firenze 26A • plan M1 • 06 683 2630 • €.*

Remarque : sauf indication contraire, tous les restaurants acceptent les cartes de paiement et proposent des plats végétariens.

Gauche **Campo de' Fiori, marché** Droite **Piazza del Campidoglio**

Du Campo de' Fiori au Capitole

C'est dans ce quartier bordé par la célèbre colline du Capitole, symbole de la gloire de Rome depuis l'Antiquité, que fut assassiné Jules César. Nombre de monuments publics majeurs s'y élevaient sous la République et l'Empire. Au XIVe s., quand la papauté s'installa en Avignon, la ville périclita et c'est là que, réfugiés dans cette boucle du Tibre, 15 000 Romains survécurent dans des conditions effroyables. Avec le retour des papes, le quartier changea radicalement d'aspect. De somptueux palais furent érigés par les familles patriciennes, de longues rues furent tracées pour les relier aux basiliques, et le commerce prospéra. Aujourd'hui, aucun quartier n'est plus représentatif de la longue et riche histoire de Rome.

Palazzo Senatorio

TOP 10 Les sites

1. Campo de' Fiori
2. Colline capitoline
3. Largo di Torre Argentina
4. Sant'Andrea della Valle
5. Santa Maria in Cosmedin
6. Foro Boario
7. Gesù
8. Santa Maria in Aracoeli
9. Fontana delle Tartarughe
10. Teatro di Marcello

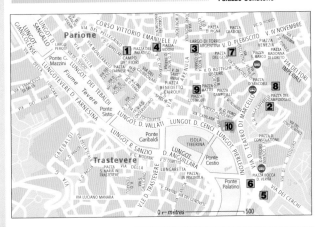

1 Campo de' Fori

Le « Champ des fleurs » *(p. 46)* s'élève sur ce qui, dans l'Antiquité, formait un espace dégagé devant le théâtre de Pompée. Passage obligé des princes et des pèlerins depuis le Moyen Âge, c'est l'un des quartiers les plus animés de Rome. Le Campo connut aussi des heures plus sombres, servant de théâtre aux exécutions de l'Inquisition, comme en témoigne la statue du moine Giordano Bruno qui y fut brûlé vif pour hérésie en 1600. ◈ *Plan L4.*

2 Colline capitoline

L'une des spécificités de Rome est d'être construite sur plusieurs niveaux. Le Capitole *(p. 24)* par exemple se composait à l'origine de deux sommets : l'Arx où s'élevait le temple de Junon, et le Cavo où se dressait celui de Jupiter. L'immense Tabularium (archives) fut édifié entre les deux en 78 av. J.-C. formant une colline, le Capitole, sur laquelle fut bâti au XIIe s. le palazzo Senatorio. Aujourd'hui, la majeure partie du Capitole est occupée par le palazzo dei Conservatori *(p. 26-27)*. ◈ *Plan N5.*

3 Largo di Torre Argentina

Ces importantes ruines de quatre temples républicains (dont l'un date du IVe s. av. J.-C.) sont restées enfouies jusqu'en 1925 *(p. 41)*. Au nord-ouest se dresse le Teatro argentina, construit au XVIIIe s. par la famille

Largo di Torre Argentina

Sforza, avec sa jolie façade du XIXe s dédiée aux muses. De nombreux opéras y ont été créés au XIXe s., tel *Le Barbier de Séville* de Rossini en 1816. La première fut un échec retentissant en raison, dit-on, d'une cabale montée par Pauline Bonaparte. ◈ *Plan M4.*

4 Sant'Andrea della Valle

L'une des plus grandioses églises baroques de Rome garde une façade asymétrique à la suite d'une querelle entre l'artiste et le mécène. En effet, un seul ange, à gauche, semble soutenir la partie supérieure de l'édifice. Le sculpteur Cosimo Fancelli refusa de mettre un autre ange sur la droite lors de la construction, car le pape Alexandre VII avait osé le critiquer. L'artiste répliqua alors : « S'il en veut un autre, il n'a qu'à le faire lui-même ! » *(p. 45)*. ◈ *Piazza Vidoni 6 • plan L4 • ouv. t.l.j. 7h30-12h30 et 16h30-19h30 • EG.*

5 Santa Maria in Cosmedin

Fondée au VIe s. sur les ruines d'un bâtiment de l'époque impériale, l'église devint au VIIIe s. celle des Grecs réfugiés à Rome (*in cosmedin* en grec signifie « ornement »). Elle a retrouvé au XIXe s. sa simplicité initiale et son plan à trois nefs, séparées de colonnes antiques.

Santa Maria in Cosmedin

Autel de saint Ignace, Gesù

Santa Maria in Cosmedin abrite notamment la crypte d'Adrien, une mosaïque du début du VIIIe s. et un beau pavement cosmatèque. Scellée dans le mur, la Bocca della Verità (Bouche de la Vérité) est une ancienne bouche d'égout avec un trou qui, selon la légende, se referme sur la main des menteurs. ✆ *Piazza della Bocca della Verità 18 • plan N6 • ouv. t.l.j. 9h-17h (18h en été) • EG.*

Foro Boario

Ce nom fait référence à l'ancien marché au bétail qui s'y tenait. On y aperçoit aujourd'hui deux temples bien conservés (le temple de Portunus, rectangulaire, du IVe ou IIIe s. av. J.-C. ; le temple d'Hercule, rond, du IIe s. av. J.-C.) et l'arc de Janus. Édifié au IVe s., ce dernier est très abîmé. C'est un imposant édifice de marbre percé d'ouvertures, une porte publique où les marchands s'abritaient. Encadrées de colonnettes, ses niches abritaient des statues. ✆ *Plan N6.*

Gesù

Modèle du style Contre-Réforme, cette immmense église très décorée était destinée à convaincre de la prééminence du catholicisme. À l'intérieur, derrière une façade sobre et élégante, la lumière naturelle soigneusement étudiée répond à l'or de la décoration. Fresques et sculptures sont autant d'allégories rappelant que seuls les catholiques vont au paradis. D'or, d'argent et de lapis-lazuli, l'autel de saint Ignace abrite les reliques du fondateur de l'ordre des Jésuites. ✆ *Piazza del Gesù • plan M4 • ouv. t.l.j. 7h-12h30 et 16h-19h45 • EG.*

Santa Maria in Aracoeli

Cette église, dont la première construction remonte au VIe s., est située sur l'emplacement du temple de Junon Moneta. Selon la légende, il est possible de gagner à la loterie nationale en gravissant à genoux les 124 marches de l'escalier du XIVe s. qui précède sa façade inachevée. Du haut de l'escalier, on jouit d'une vue magnifique. À l'intérieur, les 22 colonnes de la nef viennent

Santa Maria in Aracoeli

d'édifices antiques. Sur la troisième de gauche, on peut lire *« a cubiculo Augustorum »* (de la chambre des empereurs).

🔍 *Scala dell'Arce Capitolina 12* • plan N4 • ouv. t.l.j. 9h30-17h30 (9h-18h30 en été) • EG.

Fontana delle Tartarughe

Réalisée au XVIe s. pour la famille Mattei, la fontaine des Tortues est l'œuvre de trois artistes. Dessinée par Giacomo della Porta, elle fut exécutée par Taddeo Landini, auteur des quatre éphèbes de bronze soutenant la vasque centrale, le pied posé sur la tête d'un dauphin. Les tortues auxquelles elle doit son nom furent ajoutées au siècle suivant, probablement par le Bernin *(p. 47).* 🔍 *Piazza Mattei* • plan M5.

Fontaine des Tortues

Teatro di Marcello

Ce théâtre du Ier s. av. J.-C. est l'un des trois théâtres antiques qu'abrite le quartier *(p. 41).* Pouvant accueillir 15 000 spectateurs, il fut le plus populaire des théâtres impériaux avant la construction du Colisée, et la plupart des martyres chrétiens y auraient eu lieu. Devant, sur la droite, on aperçoit trois colonnes corinthiennes et un fragment de frise provenant du temple d'Apollon, édifié au Ve s. av. J.-C. et restauré au Ier s. av. J.-C. 🔍 *Via del Teatro di Marcello* • plan N4 • ouv. t.l.j. 9h-18h (19h en été).

L'art à Rome au fil des siècles

🕐 En raison des horaires des églises, il est préférable de commencer cette promenade (de 2 à 4 heures) vers 10 h ou à 16 h. Débutez par le **théâtre de Marcellus** dont les arcades antiques soutiennent un palais du XVIe s. Rendez-vous ensuite à **Santa Maria in Campitelli** *(p. 104)* pour admirer avec des jumelles la petite Vierge en émail (XIIIe s.) abritée dans le tabernacle doré du maître-autel. Continuez vers l'ouest et, en approchant de la **fontana delle Tartarughe**, vous entendrez l'écho de l'eau jaillissant de la fontaine. Au nord, visitez la **crypte Balbi** *(p. 52)* qui présente une belle exposition sur l'histoire du quartier. L'église du **Gesù** est un peu plus au nord.

🍴 Faites ensuite une pause chez Bernasconi *(piazza Benedetto Cairoli 16)* pour déguster un excellent cappuccino et un croissant.

À **Sant'Andrea della Valle** *(p. 99),* admirez l'originalité de la voûte. Empruntez ensuite la via di Grotta Pinta pour visiter les ruines du **théâtre de Pompée** *(p. 53).* Au nord-ouest, la piazza devant le **palazzo Farnese** *(p. 104)* abrite des fontaines jumelles dont les vasques de granit égyptien viennent des thermes de Caracalla. Traversez le **Campo de' Fiori** *(p. 99)* jusqu'au **palazzo della Cancelleria** *(p. 51),* chef-d'œuvre de la Renaissance.

🍴 Pour finir, allez vous rafraîchir à **La Curia di Bacco** *(p. 106),* installée sous une voûte du théâtre de Pompée.

Gauche **Synagogue** Droite **Tabernacle, Santa Maria in Campitelli**

TOP10 Autres visites

Palazzo Farnese
Ce palais, l'un des plus grands de Rome, est orné d'une splendide corniche dessinée par Michel-Ange (p. 50). ⊗ Piazza Farnese 167 • plan K4 • 06 688 92818 • visites de 50 min. lun. et jeu. à 15h, 16h et 17h sur rés.

Galleria Spada
Les frères Bernardino et Virginio Spada ont réuni au XVIIe s. une riche collection de peintures. Leur palais abrite le Conseil d'État et une pinacothèque (p. 51). ⊗ Piazza Capo di Ferro 13 • plan L5 • ouv. mar.-dim. 8h30-19h30 • EP.

Il Vittoriano
L'immense édifice de calcaire blanc de Lombardie, dédié au roi Vittorio Emanuele II, a été surnommé par les Romains « pièce montée ». ⊗ Piazza Venezia • plan N4 • ouv. t.l.j. 9h30-16h30 (hiver), jusqu'à 17h30 (été).

Palazzo Venezia
Ce palais fut édifié par le pape Paul II qui observait les fêtes du carnaval depuis le balcon. De ce même balcon, Mussolini haranguait les foules (p. 51). ⊗ Via del Plebiscito 118 • plan N4 • 06 6999 4318 • ouv. mar.-dim. 8h30-19h30 • EP.

Portico d'Ottavia
Cette ancienne entrée du Circus Flaminius porte le nom d'Octavie, la sœur d'Auguste. Un échafaudage offre un panorama sur les ruines et les fouilles archéologiques. ⊗ Plan M5.

Museo Barracco
Ce palais Renaissance abrite une remarquable collection de sculptures antiques (p. 53). ⊗ Corso Vittorio Emanuele II 166 • plan L4 • 06 6880 0608 • ouv. mar.-dim. 9h-16h (19h en été) • EP.

Via Giulia
Cette rue élégante a été tracée par Bramante au début du XVIe s. Dessiné par Michel-Ange, le viaduc recouvert de lierre est resté inachevé. ⊗ Plan K4.

Synagogue
Ce lieu de culte (1904) abrite un musée qui retrace l'histoire de la communauté juive de Rome (p. 100). ⊗ Lungotevere dei Cenci • plan M5 • ouv. lun.-jeu. 9h-18h, ven. et dim. 9h-12h30.

Palazzo della Cancelleria
La Chancellerie pontificale est un chef-d'œuvre. ⊗ Piazza della Cancelleria • plan L4 • ouv. lun.-sam. 7h30-14h, 16h-20h • EP.

Santa Maria in Campitelli
L'église abrite l'un des plus beaux tabernacles de Rome. ⊗ Piazza di Campitelli 9 • plan N5 • ouv. t.l.j. 7h30-12h et 16h-19h • EG.

Gauche **Libreria del Viaggiatore** Droite **Momento**

^{TOP}10 Boutiques

1 Aqua Madre Hammam
Rechargez vos batteries dans ce hammam de luxe. Sauna et bains turcs, large choix de soins pour le corps. ◈ *Via di S. Ambrogio 17 • plan M5.*

2 Ethic
Cette marque romaine de milieu de gamme est spécialisée dans les vêtements *casual chic* pour les femmes à la recherche de vêtements un peu décalés et romantiques. Vous devriez y dénicher une pièce originale. ◈ *Piazza Cairoli 11.*

3 Cartolerie Internazionali
Cette papeterie offre un vaste choix de beaux stylos, d'idées cadeaux, d'albums photos et de cartes de vœux. ◈ *Via Arenula 85 • plan D4.*

4 Boccione Limentani
Il y a toujours la queue dans cette petite pâtisserie, même si on n'y sert que trois produits, dont une ricotta succulente et du clafoutis. ◈ *Via del Portico d'Ottavia • plan M5.*

5 Sciam
Cette boutique magique possède une atmosphère de bazar oriental. Spécialité de verre soufflé à la main. ◈ *Via del Pellegrino 55 • plan L4.*

6 Fahrenheit 451
Livres sur l'art, la photographie et le cinéma. ◈ *Campo de' Fiori 44 • plan L4.*

7 Prototype
Cette boutique de mode urbaine propose du streetwear, entre autres des sweats, des vestes à capuche, des tee-shirts et des jeans. ◈ *Via dei Giubbonari 50 • plan L4.*

8 Momento
Une boutique éclectique qui permet de s'équiper aussi bien de hauts de couleurs vives ou d'accessoires amusants que d'une robe de bal en mousseline ou d'un manteau de laine balayant le sol. ◈ *Piazza Benedetto Cairoli 9 • plan L5.*

9 Orologeria Timeline
Si vous cherchez une belle montre à prix raisonnable, cette boutique vend de grandes marques avec environ 30 à 50 % de réduction. Vaste choix de Swatch. ◈ *Via dei Pettinari 41 • plan L4.*

10 Libreria del Viaggiatore
Une petite librairie qui regorge de guides, cartes, romans, livres de photographies, globes et affiches s'adressant aux aventuriers de tous âges. ◈ *Via del Pellegrino 78 • plan K4.*

Gauche **Vineria Reggio** Droite **Barnum**

TOP10 Vie nocturne

The Drunken Ship
Situé sur cette piazza très animée où défilent tous les soirs des flots de noctambules, c'est le dernier endroit à la mode. Musique rock à l'intérieur ; attente pour les boissons à l'extérieur. ◎ *Campo de' Fiori 20-21 • plan L4.*

Bartaruga
Célébrités locales et mannequins jouent des coudes dans ce bar chic au décor baroque. En été, des tables sont dressées sur la belle place Mattei. Des musiciens jouent de temps en temps. ◎ *Piazza Mattei 8 • plan M5.*

Il Gocetto
Considérée comme la meilleure de Rome par les connaisseurs, cette vinothèque aux 500 étiquettes propose une dégustation au verre. Le propriétaire vous aidera à choisir les bouteilles à emporter.
◎ *Via dei Banchi Vecchi 14 • plan J3.*

Vineria Reggio
Minuscule bar à vin avec une clientèle d'habitués attablés en terrasse. ◎ *Campo de' Fiori 15 • plan L4.*

Caffè Farnese
Situé sur la ravissante piazza Farnese, ce café est très raffiné. Une clientèle jeune et élégante déguste un verre de vin à la terrasse de cet endroit fort sympathique. ◎ *Piazza Farnese 106 • plan K4.*

Sciam
Une fontaine au vernis turquoise clapote à l'entrée, et l'intérieur est marqueté de bois et de carrelage. Thés et sucreries dans une douce ambiance musicale. Un parfum d'Arabie. ◎ *Via del Pellegrino 55 • plan K4.*

La Curia di Bacco
Ce bar long et étroit est situé dans un ancien couloir voûté du théâtre de Pompée *(p. 53)*. ◎ *Via del Biscione 79 • plan L4.*

Mad Jack's
Un pub irlandais traditionnel qui propose un nombre incroyable de bières, notamment de la Guinness, et quelques snacks. ◎ *Via Arenula 20 • plan L5.*

Barnum
Ce café rend hommage au célèbre artiste américain P. T. Barnum, et au monde du cirque. Spectacles live. ◎ *Via del Pellegrino 87 • plan K3.*

Latte Più Milk Bar
Un bar sur le thème du lait : milkshakes alcoolisés, cocktails sucrés et snacks. ◎ *Via dei Funari 21A • plan M5.*

Catégories de prix

Pour un repas avec entrée, plat et dessert, une demi-bouteille de vin, taxes et service compris.	€ moins de 30 €
	€€ de 30 à 40 €
	€€€ de 40 à 50 €
	€€€€ de 50 à 60 €
	€€€€€ plus de 60 €

Ci-dessus **Zi Fenizia**

🔟 Spécialités judéo-romaines

1 Piperno
Sur une jolie piazza calme. Plats excellents, en particulier les *carciofi alla giudea* (artichauts à la juive). Réservation obligatoire. ◈ *Via Monte de' Cenci 9 • plan M5 • 06 6880 6629 • f. dim. soir et lun.* • €€€.

2 Da Giggetto
Célèbre pour sa cuisine et pour son emplacement, à droite des colonnes du portico d'Ottavia *(p. 104)*. Essayez la *puntarella* (chicorée avec une sauce aux anchois). ◈ *Via del Portico d'Ottavia 21A-22 • plan M5 • 06 686 1105 • f. lun.* • €€€.

3 Vecchia Roma
L'un des plus grands restaurants romains. Décoration splendide, service excellent et carte des vins exceptionnelle. ◈ *Piazza Campitelli 18 • plan N5 • 06 686 4604 • f. mer. et 2 sem. en août* • €€€€€.

4 La Taverna del Ghetto
Cuisine kasher dans un décor médiéval ou en terrasse sur la piazza. Excellents poissons grillés. ◈ *Via del Portico d'Ottavia 8 • plan N5 • 06 6880 9771 • f. ven. soir et sam. midi* • €€.

5 Sora Margherita
Cuisine judéo-romaine raffinée. Pas d'enseigne, bandes rouges dans l'entrée. Ouvert à midi et en semaine seulement. ◈ *Piazza delle Cinque Scole 30 • plan M4 • 06 687 4216 • f. mar. et dim. soir • pas de carte de paiement* • €€.

6 Ba' Ghetto
Cuisine kasher mêlant saveurs de Rome et d'Afrique du Nord. ◈ *Via del Portico d'Ottavia 57 • plan M5 • 06 6889 2868 • f. sam. midi et dim. soir.* • €€.

7 Filetti di Baccalà
Petit restaurant traditionnel. Les filets de morue frits sont délicieux. ◈ *Largo dei Librari 88 • plan L4 • 06 686 4018 • f. dim. • pas de carte de paiement* • €.

8 Da Sergio alle Grotte
Restaurant romain simple et traditionnel : *spaghetti alla carbonara*, gnocchis, tripes, etc. ◈ *Vicolo delle Grotte 27 • plan L4 • 06 686 4293 • f. dim.* • €€.

9 Osteria ar Galletto
Valeur sûre pour une cuisine simple et bonne. En été, des tables sont disposées sur la piazza. ◈ *Piazza Farnese 104 • plan K4 • 06 686 1714 • f. dim.* • €.

10 Yotvata
Cuisine kasher dans ce palais historique. Pizzas, pâtes et poisson frais ◈ *Piazza Cenci 70 • plan M5 • 06 6813 4481 • f. ven. soir et sam. midi* • €€.

Gauche **Piazza del Popolo** Droite **Fresque de Pinturicchio, Santa Maria del Popolo**

Piazza di Spagna et villa Borghese

Minutieusement dessiné au XVIe s., ce quartier est le plus théâtral et le plus élégant de Rome. Afin de faciliter la traversée de la ville alors en pleine expansion, les papes, notamment Léon X et Sixte V, décidèrent du prolongement de l'antique via Flaminia et de la réhabilitation de la totalité de ce secteur à l'abandon autour du Corso. Les jardins soigneusement aménagés du Pincio, la luxueuse villa Borghese, l'escalier majestueux de Trinità dei Monti et l'immense fontaine de Trevi participent à une mise en scène grandiose qui s'ouvre sur la parfaite symétrie de la piazza del Popolo, et se prolonge avec les longues perspectives des rues del Corso, di Ripetta et del Babuino, partant de la piazza tel un trident (Il Tridente). Orné de palais et d'églises magnifiques, c'est un quartier chic et raffiné avec ses célèbres boutiques de luxe, mais aussi les nombreux antiquaires et galeries d'art de la via Margutta. Enfin, la via del Corso donne lieu à la passeggiata (promenade traditionnelle du début de soirée pour voir et être vu) la plus élégante de Rome.

Musée Keats et Shelley

🔟 Les sites

Galleria Borghese

C'est l'un des plus beaux musées d'Europe. Il abrite de magnifiques sculptures du Bernin dans un cadre remarquable *(p. 20-21)*.

Santa Maria del Popolo

Cette église exceptionnelle offre un aperçu somptueux de l'art et de l'architecture italiens de la Renaissance et du baroque *(p. 32-33)*.

Piazza di Spagna et escalier de Trinità dei Monti

La piazza di Spagna et l'escalier de Trinità dei Monti

D'une grande élégance, ce monumental escalier de travertin est le fleuron de l'art baroque à Rome. Il a été construit par Francesco de Sanctis (1723-1726) sur des dessins de Specchi, à la demande des Français qui souhaitaient relier l'église Trinità dei Monti à la piazza di Spagna. Son jeu gracieux de courbes convexes et concaves est encore plus éblouissant en mai, quand ses massifs d'azalées sont en fleur. Ornée de la Barcaccia, une fontaine en forme de barque conçue par le père du Bernin, la piazza di Spagna doit son nom au palais édifié au XVIIe s. (sur la droite) par l'ambassadeur d'Espagne auprès du Saint-Siège. ◈ *Plan D2.*

Fontaine de Trevi

Depuis la baignade d'Anita Ekberg dans *La Dolce Vita* de Fellini, c'est l'un des monuments les plus célèbres de Rome. Cette immense fontaine en forme d'arc de triomphe (1732-1762), une composition grandiose de travertin où se mêlent architectures classique et baroque, est l'œuvre de Niccolò Salvi. Le bas-relief de gauche montre la construction par Agrippa de l'aqueduc Acqua Vergine, qui relie la source à la ville ; celui de droite illustre la légende selon laquelle une jeune fille aurait indiqué cette source aux Romains. La tradition veut que l'on y jette trois pièces de monnaie en lui tournant le dos, pour être assuré de revenir à Rome *(p. 46)*. ◈ *Piazza di Trevi • plan P2.*

Musée Keats et Shelley

C'est dans cette maison rose, à l'angle de l'escalier de Trinità dei Monti, que mourut de tuberculose le poète anglais John Keats en 1821, à 25 ans. Il résidait chez son ami, le peintre Joseph Severn, et sa mort inspira un poème à son autre ami Shelley. La maison est aujourd'hui un musée consacré aux deux poètes romantiques ayant vécu à Rome *(p. 56)*. On peut y voir nombre d'objets et documents ayant appartenu à Keats, et le portrait de celui-ci sur son lit de mort par Severn. ◈ *Piazza di Spagna 26 • plan D2 • 06 678 4235 • ouv. lun.-ven. 10h-13h et 14h-20h, sam. 11h-14h et 15h-18h • EP.*

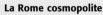

La Rome cosmopolite

Depuis que Goethe a écrit ses *Élégies romaines (p. 56)*, de nombreux Européens du Nord sont venus à Rome, tant pour étudier que pour jouir du climat. Si la piazza di Spagna était surnommée parfois le « ghetto anglais » et que Keats y est mort, Goethe y a également vécu.
De plus, les artistes de l'Académie de France, lauréats du Prix de Rome, sont installés dans la toute proche villa Medici.

La Barcaccia

Œuvre de Pietro Bernini, père du célèbre Bernin, cette fontaine en forme de barque (1627-1629) est fort ingénieuse. La barque est en effet placée sous le niveau de la rue afin d'être correctement alimentée en eau, malgré la faible pression.
🚇 *Piazza di Spagna • plan D2.*

Piazza del Popolo

Avec en toile de fond deux églises baroques et les jardins suspendus du Pincio, cette place ovale ornée de fontaines et de statues est d'une grande élé-

gance. En 1589, c'est au centre d'une place trapézoïdale (1538) que le pape Sixte V demanda à Domenico Fontana d'ériger un obélisque de granit de 25 m de haut, dédié à Ramsès II et rapporté d'Héliopolis à Rome par Auguste. La place acquit son aspect néoclassique et sa cohérence actuels au début du XIXe s., quand Giuseppe Valadier y construisit les exèdres hémisphériques *(p. 46)*. 🚇 *Plan D2.*

Trinità dei Monti

Cette église, qui domine la piazza di Spagna, faisait partie d'un couvent fondé par le roi Charles VIII de France en 1495. Sa façade avec deux campaniles est de Giacomo della Porta (1584) et l'escalier de Domenico Fontana (1587). L'intérieur est baroque mais, hélas, clos au niveau des troisièmes chapelles par une grille qui ne s'ouvre que pour les offices. Elle abrite deux fresques de Daniele da Volterra, élève de Michel-Ange : une *Descente de Croix* (2e chapelle à gauche) et une *Assomption* (3e chapelle à droite). Toute proche, la splendide villa Medici, de la fin du XVIe s., abrite l'Académie de France depuis 1803. Elle n'est ouverte que lors des expositions temporaires.
🚇 *Piazza della Trinità dei Monti • plan D2 • ouv. mar. 6h-13h et 15h-20h, mer. 6h-20h, jeu. 6h-minuit, ven.-dim. 10h-20h • EG.*

Villa Borghese

La villa et son parc ont été créés par le cardinal Scipione Borghese qui, au début du XVIIe s., décida de transformer cette propriété familiale à l'extérieur du mur d'Aurélien en un parc d'agrément. Avec 688 ha, c'est le plus grand espace vert public de Rome. Il appartient à l'État depuis 1901.

Trinità dei Monti

Via dei Condotti

Outre trois musées superbes, la galleria Borghese *(p. 20-21)*, le museo nazionale di Villa Giulia *(p. 51)* et la galleria nazionale d'Arte moderna *(p. 43)*, il abrite le museo Carlo Bilotti *(p. 112)*, qui présente une collection des œuvres contemporaines de l'artiste Giorgio De Chirico (1888-1978). Au début du XIXe s., sur la colline contiguë du Pincio, Giuseppe Valadier a aménagé des jardins suspendus qui sont devenus l'une des promenades favorites des Romains. On y aperçoit une clepsydre et un élégant obélisque érigé par Hadrien en mémoire de son favori Antinoüs *(p. 62)*. ◈ Entrées : *piazza Flaminio, piazza del Popolo, vialle della Trinità dei Monti et corso d'Italia* • plan D2.

Via dei Condotti

10 Cette rue prestigieuse a retrouvé tout son éclat depuis les années 1990. Bordée des boutiques des grands couturiers, c'est assurément la rue la plus élégante de Rome. On peut y flâner, ne serait-ce que pour le plaisir des yeux *(p. 68)*. ◈ Plan D2.

La passeggiata, un après-midi romain

◷ Débutez par la piazza SS. Apostoli pour visiter l'église *(p. 112)*, dont le portique abrite un bas-relief du IIe s. représentant un aigle impérial. Allez tout droit jusqu'à la via dell'Umiltà et empruntez le passage couvert d'acier et de verre de la fin du XIXe s. À droite, prenez la via delle Muratte jusqu'à la **fontaine de Trevi** *(p. 109)*. Jetez-y vos trois pièces en lui tournant le dos, puis quittez la place par la via del Lavatore. À gauche, prenez la via della Panetteria pour déguster l'une des meilleures glaces de Rome chez **San Crispino** *(p. 70)*.

Tournez à droite (via del Tritone), puis à gauche (via Francesco Crispi) pour visiter la **galleria nazionale d'Arte moderna** consacrée à l'art contemporain *(p. 43)*. Descendez la via Capo le Case, prenez à droite la via dei Due Macelli jusqu'à la **piazza di Spagna et l'escalier de Trinità dei Monti** *(p. 109)*. Flânez ensuite dans les nombreuses rues à l'ouest de la place, puis, vers 17 h, gagnez la via del Babuino et la via Margutta (au nord) pour admirer galeries d'art et antiquaires *(p. 113)*, tout en vous dirigeant vers la **piazza del Popolo**.

Faites une pause autour d'un cappuccino au **caffè Canova** *(p. 116)* puis allez admirer les nombreux trésors de **Santa Maria del Popolo** *(p. 32-33)*. Essayez d'arriver à Santa Maria in Montesanto *(p. 112)* vers 19 h pour y écouter des chants grégoriens, avant de vous offrir un bon dîner romain chez **Dal Bolognese**.

Gauche **Goethe a vécu via del Corso** Droite **SS Ambrogio e Carlo al Corso**

🔟 Autres visites

1 Villa Giulia

Elle rassemble la plus belle collection d'Italie consacrée à la remarquable civilisation étrusque (VIIIe s. au IIIe s. av. J.-C.).
🔊 *Piazzale di Villa Giulia 9 • plan D1 • ouv. mar.-dim. 8h30-19h30 • AH • EP.*

2 Galleria nazionale d'Arte moderna

Le musée national d'Art moderne présente des œuvres des XIXe et XXe s. Les artistes italiens y sont très bien représentés. 🔊 *Viale delle Belle Arti 131 • plan D1 • 06 322 981 • ouv. mar.-dim. 8h30-19h30 • AH • EP.*

3 Museo Carlo Bilotti

Une petite collection d'œuvres de peintres comme De Chirico et Warhol. 🔊 *Viale Fiorello la Guardia (villa Borghese) • plan D2 • ouv. mar.-dim. 10h-16h (hiver) et 13h-19h (été) • AH • EP.*

4 SS Ambrogio e Carlo al Corso

La coupole, la tribune et les stucs de cette église baroque (1672) sont de Pietro da Cortona.
🔊 *Via del Corso 437 • plan N1 • ouv. t.l.j. 7h-19h • EG.*

5 Santa Maria dei Miracoli et in Montesanto

Apparemment jumelles, ces églises dessinées par Rainaldi ont été achevées par Fontana et le Bernin. Leur parfaite symétrie est une illusion d'optique. 🔊 *Plan D2 • Miracoli : via del Corso 528, ouv. t.l.j. 8h-13h et 17h-19h ; Montesanto : via del Babuino 197, ouv. lun.-sam. 16h-20h30, dim. 11h-13h • EG.*

6 Atelier de Canova

Des fragments de statues ornent les murs de l'atelier de l'artiste. 🔊 *Via del Babuino 150A • plan D2 • ouv. lun.-sam. 8h-20h • EG.*

7 Galleria Colonna

Œuvres de Lotto, Véronèse et du Tintoret. 🔊 *Via della Pilotta 17 • plan P3 • ouv. sam 9h-1h15 (ou sur rdv) • f. en août • EP.*

8 Porta del Popolo

Cette porte a été inspirée à Nanni di Baccio Bigio par l'arc de Titus. 🔊 *Piazza del Popolo • plan D2.*

9 Casa di Goethe

Le grand écrivain allemand y vécut de 1786 à 1788 *(p. 56)*. Ses lettres y sont exposées.
🔊 *Via del Corso 18 • plan D2 • ouv. t.l.j. 10h-18h (vis. guid. sur demande) • EP.*

🔟 Santissimi Apostoli

La voûte du chœur de cette église du VIe s., reconstruite en 1702, est un beau trompe-l'œil.
🔊 *Piazza SS Apostoli • plan N2 • ouv. 7h-12h et 16h-19h • EG.*

Gauche **Galleria Veneziani** Droite **Dott. Cesare Lampronti**

🔟 Boutiques d'art et d'antiquités

Dott. Cesare Lampronti
La boutique ressemble à un musée mais les œuvres sont à vendre : natures mortes, peintures religieuses, compositions mythologiques, scènes romaines et statues néoclassiques, toutes réalisées entre le XVIe et le XIXe s.
◉ *Via del Babuino 174-175 • plan D2.*

Benucci
Vierges à l'Enfant romaines et florentines du XVe s., peintures de Luca Giordano ou Fra Bartolomeo, tous les objets anciens et les œuvres exposés ici sont dignes de figurer dans un musée. On y trouve aussi de beaux meubles marquetés de nacre et de bois dur. ◉ *Via del Babuino 150C • plan D2.*

Galleria Veneziani
Cette grande galerie propose un vaste choix d'objets anciens de grande qualité, tels que meubles, peintures à l'huile, statues, vases et objets d'art. Elle mérite une visite. ◉ *Via Margutta 47 • plan D2.*

Maurizio Grossi
Maurizio Grossi vend des sculptures en marbre. Vous pourrez aussi bien vous procurer la reproduction d'un buste romain qu'un fruit sculpté plus vrai que nature. ◉ *Via Margutta 109 • plan D2.*

Alberto di Castro
Cette charmante boutique propose gravures et lithographies, essentiellement du milieu du XVIIe s. aux années 1920.
◉ *Piazza di Spagna 5 • plan D2.*

Libreria Il Mare
Tous les livres et toutes les affiches ont la mer pour thème. Il y a aussi des cartes et une petite sélection d'instruments de navigation. ◉ *Via di Ripetta 239 • plan D2.*

Galleria Valentina Moncada
Galerie avant-gardiste : peinture, vidéo, photographie et sculpture.
◉ *Via Margutta 54 • plan D2.*

Monogramma Arte Contemporeana
Galerie d'art contemporain qui présente des artistes italiens à un public international.
◉ *Via Magutta 57 • plan D2.*

E&R Danon
Des tapis d'Iran, d'Inde, du Tibet et de Chine, allant du XVIIIe au début du XXe s.
◉ *Via Margutta 36-37 • plan D2.*

La Bottega del Marmoraro
Des sermons italiens gravés sur des fragments de marbre sont suspendus dans ce vieil atelier de la via Margutta. ◉ *Via Margutta 53B • plan D2.*

Gauche **Gucci** Droite **Giorgio Armani**

Grands couturiers et stylistes

Giorgio Armani
Ambiance raffinée chez l'un des grands noms de la mode italienne. La ligne de prêt-à-porter Emporio Armani (via del Babuino 140) est plus abordable. Armani Jeans, plus décontracté, se trouve via del Babuino 70A.
🚇 *Via dei Condotti 77 • plan D2.*

Prada
Sans conteste le plus coté des grands couturiers italiens. Cette maison milanaise crée une ligne épurée et légèrement rétro.
🚇 *Via dei Condotti 92-95 • plan D2.*

Gucci
Le célèbre maroquinier a su imposer avec succès ses cuirs finement travaillés pour devenir l'un des grands noms de la mode italienne. Certes, les articles ne sont pas tous estampillés d'un « G », mais la qualité demeure. 🚇 *Via dei Condotti 8 • plan D2.*

Valentino
La collection de prêt-à-porter de ce couturier romain est un incontournable de la mode depuis que Jackie Kennedy et Audrey Hepburn l'ont mise à l'honneur dans les années 1960. 🚇 *Via del Babuino 61 • plan D2.*

Ferragamo
Le chausseur attitré des vedettes de cinéma dans les années 1950 n'a pas perdu son savoir-faire, et ses chaussures plutôt classiques restent d'une élégance rare.
🚇 *Via dei Condotti 73-74 • plan D2.*

Gianni Versace
Ce couturier n'a fait aucun compromis et a su rester fidèle à ses coupes raffinées et à ses couleurs originales. 🚇 *Via Bocca di Leone 27 • plan D2.*

Fausto Santini
Chaussures somptueuses et classiques à des prix astronomiques. 🚇 *Via Frattina 120 • plan D2.*

Fendi
Les cinq sœurs Fendi se sont illustrées dans la fourrure de luxe avant de faire de l'atelier familial un empire de la mode.
🚇 *Largo Carlo Goldoni 420 • plan D2.*

Philosophy di Alberta Ferretti
Ligne ultra féminine et très bien coupée, moderne et séduisante.
🚇 *Via Condotti 34 • plan D2.*

Laura Biagiotti
Surnommée la « reine du cachemire », cette styliste crée depuis 1972 des lignes élégantes, originales et confortables, tant pour femmes que pour hommes.
🚇 *Via Borgognona 43-44 • plan D2.*

Gauche **Buccone** Droite **Profumum Durante**

🔟 Boutiques dégriffées et spécialisées

1 Il Discount dell'Alta Moda
On y trouve des accessoires et l'essentiel de la mode féminine et masculine. Jusqu'à 50 % de réduction, notamment sur les articles Versace, Donna Karan, Armani et Dolce & Gabbana. ✪ *Via di Gesù e Maria 16A • plan D2.*

2 Profumum Durante
Les parfums de cette marque de luxe portent des noms comme « Eau de sel », « Eau de sucre » et « Fleur d'ambre ». Ils sont assez chers. ✪ *Via di Ripetta 10 • plan D2.*

3 Buccone
Marchand de vin réputé pour son vaste choix et ses prix raisonnables, il vend également des spécialités italiennes. ✪ *Via di Ripetta 19-20 • plan D2.*

4 Enigma
La boutique, qui appartient à Bulgari, décline une ligne exclusive de montres et de bijoux. ✪ *Via Margutta 61A • plan D2.*

5 Vertecchi
Dans la plus belle des papeteries de Rome, on trouve des centaines de stylos et des milliers de carnets, mais aussi de très nombreuses sortes de papiers aussi jolies qu'originales. ✪ *Via della Croce 70 • plan D2.*

6 C.U.C.I.N.A.
Cette boutique d'une grande originalité rassemble les ustensiles de cuisine les plus épurés qui soient. ✪ *Via Mario de' Fiori 65 • plan D2.*

7 Milluminalistinto
Un temple du design qui propose des objets et des accessoires de décoration originaux pour la maison. Également de très beaux luminaires. ✪ *Via Angelo Brunetti 56.*

8 Tebro
Fondé en 1867, ce magasin est spécialisé en draps de luxe, serviettes et lingerie. Possibilité de confection sur mesure. ✪ *Via dei Prefetti 46-54 • plan M1.*

9 Giunti Kids
Grande librairie pour enfants, qui propose de nombreux titres en anglais, ainsi que des jouets éducatifs et des articles de papeterie originaux. Séances de lecture occasionnelles. ✪ *Piazza Santi Apostoli 59A/65 • plan P3.*

10 Otica Efrati
Cet opticien agréé propose un large éventail de lunettes de soleil de luxe conçues par des créateurs tels qu'Armani, Prada, Gucci, Dior, Cavalli, Dolce & Gabbana et Tom Ford ✪ *Via del Corso 161 • plan N1.*

Gauche **Caffè Rosati** Droite **Babington's Tea Rooms**

🔟 Pubs, cafés et bars

1 Enoteca Antica
Délicieux antipasti et vin servi au verre dans cet établissement traditionnel et chaleureux. ⊗ *Via della Croce 76B • plan D2.*

2 Gilda
La popularité du club le plus central de Rome est avérée depuis des années. Pizzeria le soir puis musique à partir de minuit. Très cher le week-end, clientèle chic et célèbre. ⊗ *Via Mario de' Fiori 97 • plan D2.*

3 Antico Caffè Greco
Premier café littéraire de Rome (1760), son nom reste lié à ceux des poètes romantiques qui vécurent à Rome au XIXe s. *(p. 70)*. ⊗ *Via dei Condotti 86 • plan D2.*

4 Stravinski Bar
Un Martini dry impeccablement préparé, une atmosphère élégante et le magnifique jardin de l'Hôtel de Russie en font un des bars les plus recherchés de la ville. ⊗ *Via del Babuino 9 • plan D2.*

5 Cinecafé Casina delle Rose
Situé à proximité de la villa Borghese, ce café sert des boissons et des déjeuners légers (salades, sandwichs et fruits de mer). ⊗ *Largo Marcello Mastroianni 1 • plan E2.*

6 Ciampini al Café du Jardin
Un café enchanteur où siroter un verre face au coucher du soleil. ⊗ *Viale Trinità dei Monti • plan D2 • 06 678 5678 • f. nov.-fév.*

7 Caffè Rosati
Ce café Art nouveau, rendez-vous de longue date des intellectuels de gauche, est le grand rival du Canova, situé en face *(p. 71)*. ⊗ *Piazza del Popolo 4-5 • plan D2.*

8 Caffè Canova
Sur la même place, c'est le rival de droite du Rosati. L'espresso y est moins cher, les glaces sont meilleures et il y a un restaurant à l'étage. Toutefois, il est moins élégant. ⊗ *Piazza del Popolo 16-17 • plan D2.*

9 Angelina a Trevi
Cette taverne romantique est aménagée à l'intérieur d'un charmant atelier de jardinier. On y sert tous les repas, du petit déjeuner au dîner, à base d'ingrédients ultra frais. ⊗ *Via Poli 27 • plan N1.*

10 Babington's Tea Rooms
Ce salon de thé, ouvert en 1893 par une Anglaise du Derbyshire, est le rendez-vous des Britanniques à Rome. Très cher et plats typiquement british. ⊗ *Piazza di Spagna 23 • plan D2.*

Catégories de prix

Pour un repas avec entrée, plat et dessert, une demi-bouteille de vin, taxes et service compris.

€ moins de 30 €
€€ de 30 à 40 €
€€€ de 40 à 50 €
€€€€ de 50 à 60 €
€€€€€ plus de 60 €

Ci-dessus '**Gusto**

🔟 Où manger

1 Fiaschetteria Beltramme (da Cesaretto)

Tables communes où se mêlent habitués et visiteurs dans cette trattoria très traditionnelle, proche de l'escalier de Trinità dei Monti. ⊗ *Via della Croce 39 • plan D2 • f. dim. • pas de carte de paiement • €€.*

2 Edy

Installé dans un quartier prestigieux, on y mange bien à des prix raisonnables. Fruits de mer et cuisine romaine pour un agréable dîner aux chandelles. ⊗ *Vicolo del Babuino 4 • plan D2 • 06 3600 1738 • f. dim. • €€.*

3 'Gusto

Très branché : restaurant qui combine pizzeria et bar à vin thaï. ⊗ *Piazza Augusto Imperatore 9 • plan D2 • 06 322 6273 • €€€.*

4 Antica Birreria Peroni

Brasserie proposant d'excellents plats bon marché, parrainée par la plus grande marque de bière italienne. Essayez la Blue Ribbon de Nastro Azzuro *(p. 75)*. ⊗ *Via San Marcello 19/piazza SS Apostoli • plan N3 • 06 679 5310 • f. dim. • €.*

5 Oliver Glowig

Les produits de saison cuisinés de façon moderne sont la signature d'Oliver Glowig. Le restaurant donne sur une piscine, cadre idéal pour déguster les déli-cieuses créations de ce chef allemand acclamé. ⊗ *Aldrovandi Palace, Via Aldrovandi 15 • 06 321 6126 • f. lun., dim. • €€€€€.*

6 Osteria Margutta

Parfait pour un dîner aux chandelles romantique. Essayez les penne à la vodka et au saumon fumé. Excellente carte des vins. ⊗ *Via Margutta 82 • plan D2 • 06 323 1025 • f. dim., lun. midi • €€.*

7 Hosteria St Ana

Nombreuses pièces en sous-sol avec les photos des clients célèbres. Cuisine romaine. ⊗ *Via della Penna 68-69 • plan D2 • 06 361 0291 • f. dim. • €€.*

8 Al 34

Cuisine italienne inventive d'un excellent rapport qualité/prix. ⊗ *Via Mario de' Fiori 34 • plan D2 • 06 679 5091 • f. lun. midi • €.*

9 Il Brillo Parlante

Restaurant populaire en sous-sol, bondé d'habitués. Pizzas et salades copieuses. ⊗ *Via della Fontanella 12 • plan D2 • 06 324 3334 • €.*

10 Mare

Ce restaurant sert des plats romains traditionnels issus de la pêche du jour de la mer Tyrrhénienne. ⊗ *Via di Ripetta 242 • plan D2 • 06 890 17481 • €€€.*

> **Remarque** : *sauf indication contraire, tous les restaurants acceptent les cartes de paiement et proposent des plats végétariens.*

Gauche et droite **San Teodoro**

La Rome antique

Alliant la grandeur et la pauvreté, le luxe ostentatoire et le labeur de la vie quotidienne, ce quartier a toujours été très contrasté. Dans l'Antiquité, les somptueux palais impériaux du Palatin étaient tout proches des quais, où les débardeurs manipulaient les tonnes de marchandises qui arrivaient des quatre coins du monde. La Rome antique s'étend aujourd'hui sur trois collines dont seules deux, le Palatin et l'Aventin, font partie des sept d'origine. La troisième, le monte Testaccio, a été entièrement construite par les Romains. Selon la légende, c'est sur l'Aventin que Remus créa un village pour s'opposer à son jumeau Romulus (p. 38). S'il fut pendant des siècles le domaine des pauvres et des institutions religieuses, le quartier a retrouvé toute son élégance et sa sérénité. En outre, il recèle de nombreux trésors cachés, certains des plus beaux monuments du monde antique, et les découvertes archéologiques y sont inestimables.

Chapiteau, thermes de Caracalla

Les sites

1. Forum romain et Palatin
2. Colisée et forums impériaux
3. Musées du Capitole
4. Santa Sabina
5. Thermes de Caracalla
6. Piazza dei Cavalieri di Malta
7. San Saba
8. Pyramide de Caius Cestius
9. San Teodoro
10. Cimetière protestant

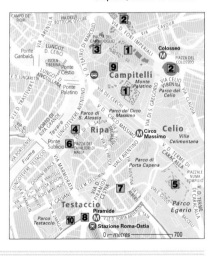

1 Forum romain et Palatin

Autrefois le cœur de l'Empire romain, il n'est plus qu'un amas de ruines grandioses et mornes, fantômes d'une civilisation disparue *(p. 16-19)*.

2 Colisée et forums impériaux

Ces monuments témoignent de la grandeur de l'Empire romain. Du forum de Trajan, considéré à son époque comme l'une des merveilles du monde, il ne reste que la colonne Trajane, chef-d'œuvre de l'art romain à son apogée. Quant au Colisée, il symbolise la passion des Romains pour les jeux du cirque *(p. 22-23)*.

3 Musées du Capitole

Ces musées magnifiques ont été créés à des fins purement politiques. En 1471, en réponse aux aspirations d'autonomie de Rome, les papes aménagèrent un premier musée dans le palazzo dei Conservatori, jusqu'alors le siège des conseillers pontificaux qui dirigeaient la ville en « conseillant » les sénateurs. Aujourd'hui, leurs collections sont exceptionnelles *(p. 24-27)*.

4 Santa Sabina

Édifiée au Ve s. et dédiée à une martyre romaine, c'est un parfait exemple de basilique chrétienne des premiers siècles.

Santa Sabina

En 1936-1938, une dernière restauration lui a redonné son aspect primitif. Les trois nefs sont séparées par 24 colonnes corinthiennes soutenant une arcade rehaussée d'une frise de marbre, et la lumière entre généreusement par les hautes fenêtres aux claustras ajourés. La porte en bois de cyprès date du Ve s., et ses 18 panneaux illustrent l'Ancien et le Nouveau Testament (avec l'une des plus anciennes *Crucifixions* connues). ◈ *Piazza Pietro d'Illiria 1 • plan D5 • ouv. t.l.j. 6h30-13h et 15h-19h • AH • EG.*

5 Thermes de Caracalla

Inaugurés en 217, ces thermes monumentaux et luxueux furent utilisés jusqu'à la destruction des aqueducs par les Goths en 546. En général, les thermes comprenaient, entre autres, une piscine, un stade, des gymnases *(palestrae)*,

Gymnase, thermes de Caracalla

Emportez une bouteille d'eau que vous pourrez remplir aux nombreuses petites fontaines.

des bibliothèques, et des salles de conférence et de réunions. Après les échauffements, le bain se déroulait en quatre étapes : *laconicum* (vapeur), *caldarium* (chaud), *tepidarium* (tiède) et *frigidarium* (froid). Majestueuses, les ruines permettent d'avoir un bon aperçu de ce qu'était l'ensemble. ◈ *Via delle Terme di Caracalla 52 • plan E6 • ouv. lun. 9h-14h, mar.-dim. 9h-1h av. le coucher du soleil • AH • EP.*

Pyramide de Caius Cestius

6 Piazza dei Cavalieri di Malta

La villa du Prieuré de Malte est célèbre pour sa serrure, qui permet d'avoir une perspective étonnante sur la coupole de la basilique Saint-Pierre *(p. 53)*. Néanmoins, la superbe piazza dessinée au XVIIIe s. par Giambattista Piranesi, connu pour ses splendides gravures, est également remarquable. Pour honorer l'ordre des Chevaliers de Malte (ordre de Saint-Jean-de-Jérusalem fondé au XIe s. lors des croisades), Piranesi a décoré la clôture du prieuré de petits obélisques, de trophées militaires et de stèles. Réfugié à Rhodes puis à Malte, l'ordre est aujourd'hui installé à Rome. ◈ *Plan D5.*

7 San Saba

Fondée au VIIe s. par des moines palestiniens fuyant les envahisseurs arabes, l'église a été plusieurs fois remaniée. De plan basilical grec à trois nefs, elle conserve des restes de fresques du XIIIe s. représentant notamment saint Nicolas offrant un sac d'or à trois jeunes filles nues et couchées dans un lit, pour les sauver de la prostitution. Le portail, le pavement et le trône épiscopal sont des œuvres cosmatèques *(p. 35)*. Au-dessus de la loggia du XVe s., le portique abrite des découvertes archéologiques. ◈ *Piazza Gian Lorenzo Bernini 20 • plan E6 • ouv. lun.-sam. 8h-12h et 16h-19h, dim. 9h30-13h et 16h-19h30 • EG.*

Classes sociales et luttes pour le pouvoir

L'histoire de ce quartier illustre à merveille la lutte incessante entre les gouvernements et le peuple de Rome. Romulus, sur le Palatin, et Remus, sur l'Aventin, sont à l'origine des divisions entre patriciens et plébéiens. L'opposition existe toujours entre l'opulent Aventin et le populaire Testaccio.

Sculpture du portique, San Saba

Munissez-vous d'une lampe-torche et de jumelles pour visiter les églises, afin de pouvoir admirer les détails architecturaux.

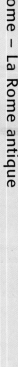

8 Pyramide de Caius Cestius

Cette imposante pyramide plaquée de marbre a été édifiée en 12 av. J.-C. par le tribun Caius Cestius qui souhaitait y faire son tombeau. Inscrite plus tard dans le mur d'Aurélien, elle mesure 36 m de haut et, selon une inscription gravée dans la pierre, fut élevée en trois cent trente jours. Elle témoigne du goût des Romains pour l'architecture égyptienne. ◈ Piazzale Ostiense • plan D6.

9 San Teodoro

Au pied du Palatin, cette petite église circulaire du VIe s. est l'un des trésors cachés de Rome. Elle est située sur l'emplacement d'un grand *horrea* (grenier à grains), à l'endroit où saint Théodore aurait été martyrisé. La mosaïque de l'abside (le Christ assis sur un orbe) est du VIe s.; la coupole (1454) et la décoration datent de la restauration du XVe s. ordonnée par Nicolas V. La cour fut dessinée par Carlo Fontana en 1705. ◈ Via di San Teodoro • plan P6 • ouv dim.-ven. 9h30-12h30.

Pierre tombale de Keats

10 Cimetière protestant

Ce cimetière a été fondé en 1738 pour permettre aux protestants d'être inhumés à l'intérieur de la ville. C'est dans cette oasis de verdure que reposent les poètes Keats et Shelley (p. 56-57). ◈ Via Caio Cestio 6 • plan D6 • ouv. mar.-sam. 9h-16h30, dim. 9h-13h • don.

Une matinée de verdure

🕐 Derrière le Circus Maximus, à partir du Palatin, le quartier recèle entre autres de ravissantes églises très anciennes. Commencez au sud du Circus Maximus, ancien champ de courses majestueux aujourd'hui à l'abandon, dont les papes pillèrent les pierres pour édifier leurs palais. Grimpez jusqu'à la **roseraie** (p. 60) qui, au printemps et en été, est d'une rare beauté. Longez l'ancien mur et entrez dans l'**orangeraie** du parco Savello (p. 60) pour jouir de la vue. **Santa Sabina** est juste à côté (p. 119). Munissez-vous d'une lampe-torche et de jumelles pour admirer les scènes sculptées sur la porte de bois, notamment la *Crucifixion*. Rendez-vous ensuite à la **piazza dei Cavalieri di Malta** et regardez par la fameuse serrure.

Descendez par la via di Sant'Alessio jusqu'à **San Saba**. Prenez le temps d'apprécier la célèbre fresque de saint Nicolas sur le mur gauche. Dans le **parco della Resistenza dell'8 Settembre** (p. 63), dégustez une glace dans le café du parc en contemplant le **mur d'Aurélien** du IIIe s. (p. 152).

En traversant le **cimetière protestant**, rendez-vous sur les tombes de Shelley et de Keats, puis arrêtez-vous pour contempler la splendide **pyramide de Caius Cestius**. Vous pouvez faire un don dans la boîte près de la sortie. 🍴 Pour déjeuner, savourez un sandwich fait sur commande chez **Volpetti** (p. 125).

Pages suivantes : **Colline palatine**

Gauche **Alpheus** Droite **L'Alibi**

ⓄⓄ Sorties branchées

Alpheus
L'Alpheus dispose d'un jardin ainsi que de trois boîtes de nuit avec trois styles musicaux différents. Des spectacles sont organisés avec des soirées à thème, et parfois des concerts. Le prix de l'entrée comprend une boisson. ⊗ *Via del Commercio 36 • plan D6 • AH.*

Nazca
Une clientèle jeune et chic vient ici pour siroter un cocktail avant de goûter aux autres délices du quartier. On y écoute une programmation musicale de qualité et le restaurant est très branché. ⊗ *Via del Gazometro 42 • plan D6.*

Radio Londra
C'est depuis longtemps un endroit réputé pour ses soirées toniques. Rock assourdissant avec un thème « air force » et, parfois, des concerts de petits groupes à la mode. On peut y manger. ⊗ *Via di Monte Testaccio 65B • plan D6 • AH.*

L'Alibi
Le plus grand et le plus célèbre club gay de Rome. Cet établissement possède plusieurs pistes de danse et plusieurs salons, ainsi qu'un immense jardin ouvert en été. ⊗ *Via di Monte Testaccio 44 • plan D6.*

Villaggio Globale
Installé dans une partie des anciens abattoirs, ce lieu propose de la world music et des snacks exotiques. En hiver seulement. ⊗ *Via di Monte Testaccio 22 • plan C6.*

Akab
Films, expositions d'art et musique variée rassemblent ici toutes les générations. ⊗ *Via di Monte Testaccio 68 • plan D6 • 06 5725 0585 • f. dim.-lun.*

Café de Oriente/Caruso
Musique disco teintée de rythmes latinos, groupes brésiliens et samba. ⊗ *Via di Monte Testaccio 36 • plan D6 • AH.*

Contestaccio
Un des bars les plus populaires pour la musique live. De jeunes talents viennent régulièrement s'y produire. Restauration possible. ⊗ *Via di Monte Testaccio 65B • plan D6.*

Goa
C'est le club le plus couru de Rome. Une clientèle à la pointe de la mode et les DJ parmi les plus célèbres au monde. ⊗ *Via Giuseppe Libetta 13 • plan D6.*

Saponeria
Clientèle de moins de 30 ans, musique pop ou house. ⊗ *Via degli Argonauti 20 • plan D6.*

Catégories de prix

Pour un repas avec entrée, plat et dessert, une demi-bouteille de vin, taxes et service compris.

€ moins de 30 €
€€ de 30 à 40 €
€€€ de 40 à 50 €
€€€€ de 50 à 60 €
€€€€€ plus de 60 €

Ci-dessus **Checchino dal 1887**

🔟 Restaurants italiens traditionnels

1 Checchino dal 1887
Ce grand restaurant romain (p. 77) sert des mets délicats à base d'abats, tels les *rigatoni alla pajata* (intestins de veau). ❧ *Via di Monte Testaccio 30 • plan D6 • 06 574 6318 • f. dim.-lun. • €€€.*

2 Agustarello
Vous pourrez y déguster une cuisine romaine assez consistante : tripes, *coda alla vaccinara* (queue de bœuf), *lingua* (langue) et autres plats paysans (p. 76-77). ❧ *Via G. Branca 100 • plan D6 • 06 574 6585 • f. dim. • pas de carte de paiement • €€.*

3 Da Remo
La pizzeria romaine typique : authentique, bon marché et toujours bondée. ❧ *Piazza di S. Maria Liberatrice 44 • plan D6 • 06 574 6270 • f. dim. • €.*

4 Volpetti
La plus grande épicerie fine de Rome. Idéale pour déjeuner d'un sandwich ou préparer un savoureux pique-nique. ❧ *Via Marmorata 47 • plan D6 • 06 574 4306 • f. dim. • €.*

5 Felice
Cette trattoria est l'un des meilleurs endroits de la ville pour goûter les traditionnels *carciofi alla romana* (p. 76). ❧ *Via Mastro Giorgio 29 • plan D6 • 06 574 6800 • f. dim. • €€.*

6 Osteria degli Amici
Deux amis bons vivants servent des spécialités locales dans le cadre accueillant d'une *osteria* traditionnelle. ❧ *Via Nicola Zabaglia 25 • plan D6 • 06 578 1466 • f. mar. • AH • €€.*

7 Da Bucatino
Cette trattoria à l'ancienne, avec tables en bois et boiseries, a pour spécialité les *bucatini all'amatriciana* (p. 76). Les serveurs s'activent bruyamment, comme aiment les Romains. ❧ *Via Luca della Robbia 84-86 • plan D6 • 06 574 6886 • f. lun. • AH • €.*

8 Acqua e Farina ?
Tous les plats de la carte, aussi bien salés que sucrés, y sont préparés avec de la pâte et sont fidèles aux recettes originales. ❧ *Piazza O. Giustiniani 2 • plan C6 • 06 574 1382 • €.*

9 Il Seme e la Foglia
Salades copieuses et sandwichs originaux, comme celui au fromage de chèvre et à la salade trévise. ❧ *Via Galvani 18 • plan D6 • 06 574 3008 • pas de carte de paiement • f. dim. • €.*

10 Né Arte né Parte
Ambiance chaleureuse et plats traditionnels romains (pâtes *alla carbonara* et agneau rôti). ❧ *Via Luca della Robbia 15-17 • plan D6 • 06 575 0279 • f. dim. • €€.*

Visiter Rome – La Rome antique

Gauche **Mosaïque, Santa Prassede** Droite **Nef, Santi Giovanni e Paolo**

L'Esquilin et le Latran

*D*ans l'Antiquité, la plus vaste des sept collines de Rome était un quartier presque uniquement résidentiel où s'élevaient les villas les plus somptueuses. Derrière les forums impériaux (p. 22-23), le flanc occidental était plutôt déconsidéré en raison de son fort peuplement, et le mur monumental à l'arrière du forum fut dressé pour en cacher la misère. Au IVe s., ce secteur devint le principal foyer de développement du christianisme. En instaurant la liberté de culte, Constantin n'alla pas jusqu'à empiéter sur les terres païennes, et c'est à l'extérieur de la ville, sur le site des tombes sacrées, que les premiers établissements chrétiens furent fondés. Le principal était l'actuel San Giovanni in Laterano (Saint-Jean-de-Latran), mais il fut suivi par de nombreuses églises, dont la plus remarquable est Santa Maria Maggiore (Ve s.). Le quartier porte encore l'empreinte de ce passé religieux.

Statue, San Giovanni in Laterano

Les sites

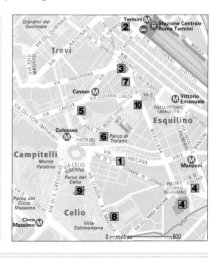

1 San Clemente
Composée de plusieurs niveaux allant du IIe s. av. J.-C. au XVe s., l'église offre un aperçu sans égal de l'art à Rome *(p. 34-35)*.

2 Palazzo Massimo alle Terme
Édifié par la famille Massimo à la fin du XIXe s., ce palais accueille une grande partie des collections du Museo nazionale romano, formant un ensemble fascinant de fresques, de mosaïques et de sculptures antiques *(p. 28-29)*.

3 Santa Maria Maggiore
La basilique est un mélange architectural exceptionnel. La triple nef, avec ses superbes colonnes ioniques et ses superbes mosaïques, est du Ve s. ; le pavement cosmatèque, les mosaïques de l'abside et le campanile roman datent du Moyen Âge ; le plafond à caissons est Renaissance ; enfin les deux coupoles et la façade principale ont été édifiées à l'âge baroque. Sur la place, l'obélisque égyptien fut érigé par Sixte V en 1587 pour servir de repère aux pèlerins, et la colonne, apportée en 1615 de la basilique de Maxence et Constantin *(p. 44)*. ◈ *Piazza di S. Maria Maggiore • plan F3 • ouv. t.l.j. 7h-19h • EG.*

Catacombe, San Clemente

4 San Giovanni in Laterano et Scala santa
Visible de tout point de Rome, ce grandiose monument baroque est la plus ancienne église du monde chrétien. À côté se tient le tout premier baptistère (Ve s.), dont la forme octogonale a servi de modèle dans toute la chrétienté. Sur la piazza, un édifice abrite la Scala santa qui serait le saint-escalier du prétoire de Ponce Pilate, emprunté par le Christ lors de son procès (et rapporté de Jérusalem par sainte Hélène, la mère de Constantin). Les pénitents le gravissent à genoux *(p. 44)*. ◈ *Piazza di S. Giovanni in Laterano • plan F5 • ouv. t.l.j. 7h-19h (cloîtres 9h-18h ; baptistère 7h-12h30 et 15h-18h30) ; Scala santa : ouv. t.l.j. 6h15-12h et 15h-18h (oct.-mars : 15h-18h30 • cloîtres : EP.*

5 San Pietro in Vincoli
L'église a été fondée au Ve s.

Façade, Santa Maria Maggiore

pour abriter les chaînes *(vincoli)* qui auraient entravé saint Pierre dans la prison Mamertine. Elle a été maintes fois restaurée du VIIIe au XVIIIe s. À l'intérieur, le Moïse de Michel-Ange est un chef-d'œuvre inoubliable, tant la puissance qu'il dégage semble refléter le conflit intérieur qui anime le patriarche face à l'idolâtrie de son peuple. Cette sculpture étonnante est l'une des 40 prévues (mais jamais achevées) par l'artiste pour orner le tombeau du pape Jules II *(p. 49)*. ✎ *Piazza di S. Pietro in Vincoli 4A • plan R4 • ouv. t.l.j. 8h-12h30 et 15h-19h (8h-12h, 15h-18h d'oct. à mai) • AH • EG.*

Statue, San Pietro in Vincoli

Domus Aurea de Néron

Les successeurs de Néron furent si embarrassés par ses débauches qu'ils firent de leur mieux pour en effacer toute trace. Ils commencèrent par rendre aux Romains une partie des terres que s'était approprié Néron.Les Flaviens asséchèrent le lac et édifièrent le Colisée *(p. 22)*, pour donner aux citoyens de Rome un lieu digne des jeux de cirque qu'ils appréciaient tant. Enfin, Trajan fit araser la Domus Aurea pour y construire le premier grand complexe thermal de Rome *(p. 41)*. ✎ *Via della Domus Aurea • plan E4 • f. pour rénovation • AH • EP.*

Naissance de l'Église

Le quartier du Latran est intimement lié aux débuts du christianisme. Si Constantin ne fut jamais un chrétien convaincu, sa mère, sainte Hélène, fut une fervente partisane de la nouvelle religion. Elle le convainquit de fonder la première basilique chrétienne de Rome sur l'emplacement d'une ancienne propriété des Laterani confisquée par Néron.

Santa Prassede

Malgré les restaurations, on perçoit encore la structure de cette église édifiée au IXe s. sur un oratoire du IIe s. Dans la nef centrale, une plaque de pierre indique le puits où saint Praxède aurait inhumé les restes de 2 000 martyrs. Les superbes mosaïques du chœur (IXe s.) ont été réalisées par des artistes byzantins. La chapelle Saint-Zénon est recouverte de mosaïques de la même époque et abrite un fragment de la colonne à laquelle le Christ aurait été attaché pour être flagellé. ✎ *Via di S. Prassede 9A • plan F4 • ouv. t.l.j. 7h30-12h et 16h-18h30 (à partir de 8h le dim.) • AH • EG.*

Santo Stefano Rotondo

Cette vaste église circulaire à double colonnade intérieure a été édifiée au Ve s. sur le modèle du Saint-Sépulcre de Jérusalem, avec des colonnes prélevées sur des monuments antiques. Au XVe s., la colonnade extérieure a été murée. Au XVIe s., Niccolò Pomarancio a réalisé les fresques décrivant de terrifiantes scènes de martyrs. Loin du centre, c'est un sanctuaire paisible. Des fouilles ont révélé la présence d'un *mithraeum* (p. 53). ◎ *Via di S. Stefano Rotondo 7 • plan F5 • ouv. t.l.j. 9h30-12h30 et 11h-17h en hiver, 15h-18h en été • EG.*

9 Santi Giovanni e Paolo

La première église fut fondée au IVe s. sur des habitations toujours visibles, où auraient vécu les saints Jean et Paul, deux officiers martyrisés en 362 sous Julien l'Apostat. Remaniée au XVIIIe s., l'église a conservé un portique et un magnifique campanile roman. Ce dernier se dresse sur les vestiges du temple de Claude divinisé (Ier s.). ◎ *Piazza dei SS. Giovanni e Paolo 13 • plan E5 • ouv. t.l.j. 8h30-12h et 15h30-18h • EG.*

10 Musée national d'Art oriental

Petite mais superbe collection d'art oriental, qui présente de remarquables céramiques de la Perse antique et des peintures tibétaines du XVIIIe s. Les plus belles pièces proviennent de la civilisation de Swat (Pakistan actuel), du IIIe s. av. J.-C. au Xe s., dont le style original et sensuel reflète les influences bouddhistes, hindoues et hellénistiques. ◎ *Via Merulana 248 • plan F4 • ouv. mar., mer. et ven. 9h-14h ; jeu, sam. et dim. 9h-19h30 • AH • EP.*

Santo Stefano Rotondo

À la découverte des premières églises

Le matin

🕐 Commencez par la fascinante **San Clemente** *(p. 34-35)* et, au niveau inférieur, utilisez une lampe-torche pour admirer la fresque où apparaît la tête d'un homme barbu.

Rendez-vous sur la **via dei Santi Quattro Coronati** pour profiter du marché *(p. 69)*, puis tournez à gauche et grimpez jusqu'à Santi Quattro Coronati, une belle église du IVe s. dont la chapelle abrite des fresques remarquables (1246). Continuez jusqu'à **San Giovanni in Laterano** *(p. 127)*. Chef-d'œuvre de l'art cosmatèque (XIIIe s.), son magnifique cloître est orné de colonnettes torses incrustées de mosaïques.

🍴 À visite inoubliable, déjeuner inoubliable chez **Cannavota** *(p. 131)*.

L'après-midi

Continuez votre visite des grandes basiliques avec **Santa Maria Maggiore** *(p. 127)*. Jetez un œil à la charmante piazza puis, à l'intérieur, prenez des jumelles pour contempler les mosaïques du Ve s. qui ornent le bord supérieur de la nef. Pour terminer, visitez **Santa Prassede,** où vous découvrirez les mosaïques byzantines les plus fascinantes de Rome et l'un des plus anciens pavements de marbre.

Pour vous rafraîchir, descendez la colline, passez devant le grand escalier de Santa Maria Maggiore et allez chez **L'Angolo di Napoli** *(p. 131)*. Vous pourrez y dîner d'une pizza napolitaine.

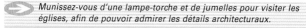

Munissez-vous d'une lampe-torche et de jumelles pour visiter les églises, afin de pouvoir admirer les détails architecturaux.

Gauche **Marché de la via Mamiani** Droite **Marché de la via Sannio**

🔟 Vêtements et achats bon marché

1 Marché de la via Sannio
C'est une bonne adresse pour les vestes en cuir neuves et dégriffées. On peut également y dénicher des vêtements d'occasion corrects et des copies de marques de luxe *(p. 69)*. ◈ *Plan G5.*

2 Marché de la via Mamiani
Produits exotiques, vins, épices, fleurs, vêtements, bagages : on trouve absolument de tout sur cet immense marché en plein air *(p. 69)*. ◈ *Plan F4.*

3 Oviesse
Vêtements très corrects et bon marché, ainsi qu'un vaste choix de cosmétiques et d'articles de toilette. C'est le plus grand des nombreux magasins Oviesse de Rome. ◈ *Piazza Vittorio Emanuele II 108-110 • plan F4.*

4 Coin
Grand magasin à la mode à des prix raisonnables. On y trouve surtout vêtements, chaussures et accessoires, mais aussi des ustensiles de cuisine et des meubles. ◈ *Piazzale Appio 7 • plan G5.*

5 MAS
MAS signifie « *Magazzini allo Statuto* ». Une quantité impressionnante d'articles y sont entassés dans des bacs. Les prix sont très bas. Jetez un

œil au rayon des articles pour la maison, au r.-d.-c. ◈ *Via dello Statuto 11 • plan F4.*

6 Barrita Boutique
Des chaussures de qualité, tout cuir, faites main, ainsi que des bottes ou des sacs à main à des prix abordables. ◈ *Via Appia Nuova 41 • plan G5.*

7 UPIM POP
Boutique branchée et haut de gamme. On y trouve des marques de vêtements en vogue, des objets design pour la maison et des produits pour le corps. ◈ *Via Gioberti 64 • plan F3.*

8 Leam
Grand magasin de vêtements dernier cri. Discount sur les marques Prada et D&G au dernier étage. ◈ *Via Appia Nuova 26 • plan G5.*

9 Pacific Trading
L'un des rares supermarchés de Rome où trouver des épices indiennes, des pâtes thaïes et de la glace philippine. ◈ *Via Principe Eugenio 17 • plan F4.*

10 Teichner
Cette boutique est un écrin pour les petits créateurs. Le rayon soldes propose de nombreux articles de la saison passée à prix réduits. ◈ *Via Appia Nuova 2 • plan G5.*

Catégories de prix
Pour un repas avec entrée, plat et dessert, une demi-bouteille de vin, taxes et service compris.

€ moins de 30 €
€€ de 30 à 40 €
€€€ de 40 à 50 €
€€€€ de 50 à 60 €
€€€€€ plus de 60 €

Ci-dessus **Agata e Romeo**

🍽️10 Où manger

1 Agata e Romeo
Les tâches sont bien réparties : Agata est chef et Romeo maître d'hôtel. Essayez le menu *degustazione*. Réservation indispensable (p. 74). ✎ *Via Carlo Alberto 45* • *plan F3* • *06 446 6115* • *f. lun., sam.-dim. midi, 2 sem. janv. et août* • *AH* • *€€€€€*.

2 Baia Chia
Cuisine de Sardaigne riche en parfums, avec un grand choix de poissons. ✎ *Via Machiavelli 5* • *plan F3* • *06 7045 3452* • *f. dim.* • *AH* • *€*.

3 Cannavota
Restaurant de quartier. Essayez le *risotto alla pescatore* (fruits de mer). ✎ *Piazza dei S. Giovanni in Laterano 20* • *plan F5* • *06 7720 5007* • *f. août* • *AH* • *€€*.

4 Trattoria Monti
Ce restaurant convivial propose des plats inventifs originaires de la région des Marches. Les *tagliatelle con ragù* sont excellentes, et le vin plutôt bon. Réserver. ✎ *Via di San Vito 134* • *plan F4* • *06 446 6573* • *f. lun. et dim. soir, août* • *€€*.

5 F.I.S.H.
Fruits de mer et *fusionfood*, équipe dynamique. ✎ *Via dei Serpenti 16* • *plan Q3* • *06 478 24 962* • *f. lun. et août* • *€*.

6 Al Maharajah
Cet indien chic a pour spécialité les mets tandoori, proposés entre autres au sein de menus. ✎ *Via dei Serpenti 12* • *plan Q4* • *06 474 7144* • *AH* • *€€*.

7 Hang Zhou
Le Hang Zhou sert sans doute la meilleure cuisine chinoise en ville. Les longues queues qui se forment dans la rue témoignent de sa popularité et du manque de place à l'intérieur. ✎ *Via di San Martino Ai Monti 33C* • *plan F4* • *06 487 2722* • *AH* • *€*.

8 Enoteca Cavour 313
Vieux bar à vin enfumé avec un grand choix de bouteilles du monde entier, et une carte de salades, pâtes, sandwichs, etc. ✎ *Via Cavour 313* • *plan R4* • *06 678 5496* • *€*.

9 L'Angolo di Napoli
Établissement lumineux et spacieux avec un service de cafétéria. Vaste choix de buffet froid ou chaud. ✎ *Via Agostino Depretis 77A* • *plan E3* • *06 474 6866* • *f. dim. midi, lun.* • *€€*.

10 Il Guru
Ce restaurant indien élégant est l'un des meilleurs de Rome. Cuisine du Nord de l'Inde au four traditionnel, bien présentée. ✎ *Via Cimarra 4/6* • *plan R4* • *06 474 4110* • *€*.

➤ **Remarque** : *sauf indication contraire, tous les restaurants acceptent les cartes de paiement et proposent des plats végétariens.*

Gauche **Palazzo del Quirinale** Droite **Via Veneto**

Le Quirinal et la via Veneto

L e Quirinal est l'une des sept collines où, sous la Rome impériale, s'étendait un quartier résidentiel, rehaussé de thermes et de temples remarquables. Laissé à l'abandon au Moyen Âge, il ne recouvra toute sa grandeur qu'au XVIᵉ s., quand le pape Grégoire décida d'y installer sa résidence d'été et fit édifier le palais du Quirinal. Les grandes familles pontificales, notamment les Barberini, Corsini et Ludovisi, l'imitèrent et s'y firent construire de vastes demeures. En 1871, le palais du Quirinal (résidence du président de la République depuis 1946) devint la résidence des rois d'Italie, les Ludovisi vendirent leur villa, et le quartier, très apprécié de la bourgeoisie, devint l'objet d'une importante spéculation immobilière. Toujours très élégant, il abrite de nombreux trésors.

🕙 Les sites

1. Thermes de Dioclétien et Aula ottagona
2. Santa Maria degli Angeli
3. Santa Maria della Vittoria
4. Palazzo Barberini
5. Piazza Barberini
6. Via Veneto
7. Crypte capucine (musée)
8. Palazzo del Quirinale
9. Sant'Andrea al Quirinale
10. San Carlo alle Quattro Fontane

Thermes de Dioclétien

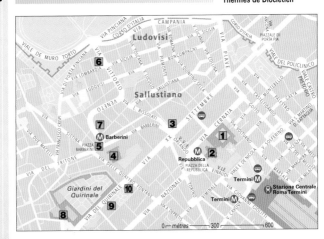

Thermes de Dioclétien et Aula ottagona

Une partie des thermes appartient au Museo nazionale romano et abrite une collection archéologique présentant entre autres de très belles stèles. La Aula ottagona, une ancienne salle des thermes, expose des sculptures antiques parmi lesquelles figurent deux remarquables bronze du IIe s. av. J.-C., retrouvés sous le temple du Soleil qui s'élevait sur le Quirinal (p. 40). ✎ *Thermes de Dioclétien : viale Enrico de Nicola 78, plan F3, ouv. mar.-dim. 9h-19h45, EP • Aula ottagona : via G. Romita, piazza della Repubblica, plan F3, 06 477 881, f. actuellement au public.*

Santa Maria degli Angeli

En 1561, le pape Pie IV chargea Michel-Ange d'aménager une église et un couvent dans le *tepidarium*, grande salle et partie la mieux conservée des thermes de Dioclétien. L'immense nef transversale donne une idée très précise de l'ampleur des thermes romains, d'autant que l'église n'occupe que la moitié de l'espace d'origine. Michel-Ange fut obligé d'élever le sol de 2 m pour pouvoir utiliser les voûtes de la salle et ses huit colonnes antiques de granit rouge hautes de 15 m. ✎ *Piazza della Repubblica • plan F3 • ouv. t.l.j. 7h-18h30 • AH • EG.*

Santa Maria della Vittoria

Cette église baroque du XVIIe s. possède sans doute la décoration la plus somptueuse de Rome, réalisée principalement par le Bernin. Dans le transept gauche, la magnifique chapelle Cornaro abrite l'étonnante et sensuelle *Extase de sainte Thérèse* (p. 49). ✎ *Via XX Settembre 17 • plan E2 • ouv. t.l.j. 8h30-12h et 15h30-18h • AH • EG.*

Santa Maria della Vittoria

Palazzo Barberini

Commencé par Maderno et achevé par le Bernin, ce palais du XVIIe s. a été vendu à l'État en 1949 par la famille Barberini. Il abrite aujourd'hui une partie de la galerie nationale d'Art ancien, fondée en 1893 avec l'achat du palais Corsini. C'est une collection très importante de plus de 1 700 œuvres italiennes et étrangères du XIIIe au XVIIIe s. On peut y admirer notamment la célèbre *Madone à l'enfant* de Filippo Lippi, la non moins célèbre *Fornarina* de Raphaël (parfois attribuée à Giulio Romano, élève du maître) et le remarquable *Judith et Holopherne* du Caravage (p. 51). ✎ *Via delle Quattro Fontane 13 • plan Q1 • 06 32810 • ouv. mar.-dim. 8h30-19h • AH • EP.*

Palazzo Barberini

Visiter Rome – Le Quirinal et la via Veneto

Pouvoir et grandeur

Après avoir été la résidence des souverains pontifes puis des rois d'Italie, le palais du Quirinal est aujourd'hui celle du président de la République. Ainsi, depuis le XVIe s., la colline du Quirinal est étroitement associée au pouvoir et à l'opulence, que symbolise l'élégante via Veneto percée en 1879 dans l'ancienne villa Ludovisi.

Piazza Barberini

5 La place célèbre cette illustre famille pontificale dont les armoiries (des abeilles) ornent les deux fontaines dessinées par le Bernin, l'une à la demande du pape Urbain VIII Barberini (1642), l'autre en son honneur (1644). Dans un coin, la fontaine des Abeilles est une simple vasque en forme de coquillage. Au centre, la fontaine du Triton est plus grandiose, avec ses dauphins soutenant une coquille sur laquelle est agenouillée la divinité marine, crachant une fine colonne d'eau à travers une conque (p. 47). ✆ Plan Q1.

Via Veneto

6 Cette rue incurvée est bordée de nombreux grands hôtels Belle Époque et de terrasses de cafés élégants. Très fréquentée par les vedettes et les paparazzi dans les années 1950 et 1960, c'était la rue la plus prestigieuse de Rome. Bien qu'elle soit aujourd'hui exclusivement touristique, toute visite de Rome serait incomplète sans une promenade en ce lieu célèbre et raffiné. ✆ Plan E2.

Fontaine, piazza Barberini

Crypte capucine (musée)

7 Il faut avoir le cœur bien accroché et un goût très prononcé des mises en scène macabres pour apprécier pleinement l'endroit. Néanmoins, son plus grand intérêt est incontestablement son emplacement exceptionnel sur la très prestigieuse et chic via Veneto (p. 64). ✆ Via Veneto 27 • plan E2 • ouv. t.l.j. 9h-19h • EP.

Palazzo del Quirinale

8 C'est aussi sur le Quirinal, la plus haute des sept collines, qu'étaient établis les Sabins (p. 38). Majestueux et austère, le palais du Quirinal fut édifié par les papes à la fin du XVIe s. pour servir de résidence d'été et échapper ainsi à l'endémie de malaria autour du Vatican. Après l'unification du pays, les rois d'Italie s'y installèrent en 1871. Depuis 1946, c'est le siège de la présidence de la République. Sur la place s'élèvent les colossales statues des Dioscures, copies romaines d'œuvres grecques du Ve s. av. J.-C. ✆ Piazza del Quirinale • plan P2 • 13 janv.-15 déc. : ouv. dim. 8h30-12h (les jardins sont ouv. au public le 2 juin, fête de la République italienne) • AH • EP.

Sant'Andrea al Quirinale

9 Édifiée entre 1658 et 1670, cette église est sans doute l'œuvre la plus réussie du Bernin, et la seule dont il maîtrisa toute la conception. Le maître a su tirer parti du site exigu en dessinant une façade aux courbes subtiles et en innovant par un plan elliptique, compensé optiquement par des chapelles rectangulaires latérales. L'église paraît ainsi plus

Sant'Andrea al Quirinale

vaste qu'elle ne l'est en réalité. Une impression que renforce une décoration riche mais harmonieuse, dominée par des colonnes en marbre rouge de Sicile. ❧ *Via del Quirinale 29 • plan Q2 • ouv. lun.-sam. 8h30-12h et 15h30-19h ; dim. 16h-19h • AH • don.*

10 San Carlo alle Quattro Fontane

D'une audace architecturale surprenante pour le XVIIe s., cette petite église est le chef-d'œuvre de Borromini. Un plan complexe d'une grande fluidité de lignes allie avec génie les géométries de l'ellipse, de l'octogone et de la croix. Unissant architecture et sculpture, Borromini a créé un intérieur harmonieux, coiffé d'une élégante coupole. ❧ *Via del Quirinale 23 • plan R2 • ouv. t.l.j. 10h-13h, lun.-ven. 15h-18h, sam.-dim. 10h-13h (juil. : le matin seul.) • AH • EG.*

Statue de San Carlo alle Quattro Fontane

À la découverte du Quirinal

Le matin

Commencez par la colline du Quirinal, surnommée monte Cavallo en hommage aux statues des Dioscures. La visite du **palazzo del Quirinale** est fastidieuse. Traversez la piazza jusqu'à la Scuderie del Quirinale, pour voir les expositions principales. Rejoignez la via del Quirinale jusqu'à mi-hauteur pour visiter **Sant'Andrea al Quirinale**. À l'intérieur, des motifs marins symbolisent saint André, pêcheur devenu apôtre. Visitez ensuite **San Carlo alle Quattro Fontane**, chef-d'œuvre de Borromini. Un peu plus loin, tournez à droite pour admirer *Le Pugiliste* et *Le Prince hellénistique*, les deux superbes bronzes de l'**Aula ottagona** (p. 133).

Prenez la via Bissolati jusqu'à la **via Veneto**, puis flânez le long des hôtels et cafés avant de déjeuner à l'élégant **Gran Caffé Doney** (p. 136).

L'après-midi

Allez ensuite admirer la séduisante architecture Belle Époque de l'hôtel **Excelsior** (p. 171), rehaussé d'une jolie coupole et de surprenantes cariatides. Ne manquez pas les toilettes, d'un luxe proprement inouï, du splendide **Regina Baglioni** (p. 170).

Après cette débauche de luxe et d'opulence, descendez visiter la saisissante et très macabre **crypte capucine**. Terminez votre promenade en allant admirer la **piazza Barberini** et la splendide fontaine du Triton du Bernin.

Visiter Rome – Le Quirinal et la via Veneto

Gauche **Café en terrasse, via Veneto** Droite **Café de Paris**

TOP 10 Un petit goût de dolce vita

1 Gran Caffè Doney
C'est un endroit très agréable pour s'asseoir à l'ombre des magnolias et déguster un cappuccino en regardant déambuler les passants – en général des touristes *(p. 70-71)*. ✆ *Via Veneto 145 • plan E2 • AH.*

2 Café de Paris
Symbole de l'élégance et du luxe de la *dolce vita* des années 1950-1960, la terrasse de ce café reste un endroit magique pour savourer un cappuccino ou un snack. ✆ *Via Veneto 90 • plan E2 • AH.*

3 Harry's Bar
Cet établissement très sélect n'est rien moins qu'un café avec terrasse, un excellent restaurant, un bar et un piano-bar. C'est l'endroit idéal pour un Martini dry et un cigare, mais les prix sont exorbitants. ✆ *Via Veneto 150 • plan E2.*

4 La Terrazza dell'Eden
Situé sur le toit de l'hôtel le plus fréquenté par les célébrités des années 1950-1960, ce bar-restaurant jouit d'une vue magnifique. Parfait pour un tête-à-tête romantique *(p. 170)*. ✆ *Via Ludovisi 49 • plan E2.*

5 Gran Caffè Roma
Situé dans une courbe de la rue, sa terrasse s'étend au pied d'un grand escalier. Un emplacement fait pour rêvasser devant un cappuccino avec un journal. ✆ *Via Veneto 32 • plan E2 • AH.*

6 R & Co
Collection absolument fabuleuse de chaussures, de cuirs et d'autres articles de mode. ✆ *Via Veneto 104 • plan E2 • AH.*

7 Brioni
Établi depuis 1945, ce tailleur italien est devenu une légende. Ses costumes ont été utilisés dans les derniers films de James Bond. ✆ *Via Veneto 129 • plan E2 • AH.*

8 Jackie O'
Comme son nom le suggère, ce bar et night-club était très à la mode dans les années 1960. Il le demeure auprès de nombreuses vedettes internationales. ✆ *Via Boncompagni 11 • plan F2 • AH.*

9 Hard Rock Café
Cette chaîne internationale a choisi la via Veneto pour s'installer à Rome. Cuisine américaine. ✆ *Via Veneto 62A/B • plan E2 • AH.*

10 Arion
Une librairie spécialisée dans les très beaux livres d'art. Ouverte jusqu'à 22h le dimanche. ✆ *Via Veneto 42 • plan E2 • AH.*

Catégories de prix

Pour un repas avec entrée, plat et dessert, une demi-bouteille de vin, taxes et service compris.

€ moins de 30 €
€€ de 30 à 40 €
€€€ de 40 à 50 €
€€€€ de 50 à 60 €
€€€€€ plus de 60 €

Ci-dessus *Suppli,* Andrea

⚀ Où manger

Café Veneto
En plein cœur de la célèbre via Veneto, ce grand restaurant allie élégance et cuisine raffinée. Spécialités de gibiers et de truffes. ⊗ *Via Veneto 120 • plan E2 • 06 482 7107 • f. lun. • AH • €€€€€.*

La Scala
Situé en haut d'un grand escalier, il possède un très beau décor orné de lambris et d'une verrière. La cuisine, avec ses *bombolotti spada e melanzane* (pâtes à l'espadon avec des aubergines), est originale. Pour dîner uniquement. Réserver. ⊗ *Via di S. Isidoro 5 • plan E2 • 06 481 9264 • f. mar. • €€€.*

La Giara
Cette trattoria traditionnelle, simple et charmante, propose des moules au porto et au curry. ⊗ *Via Toscana 46, angle via Sardegna • plan E2 • 06 4274 5421 • f. dim. midi (été), dim. soir (hiver) • AH • €€€.*

Colline Emiliane
Spécialités d'Émilie-Romagne avec plats de *prosciutto* (jambon cru) et *tortellini in brodo* (pâtes à la viande et au bouillon). ⊗ *Via degli Avvignonesi 22 • plan E2 • 06 481 7538 • f. dim. soir, lun. • AH • €.*

Andrea
Endroit agréable et carte très variée. Les *suppli* (croquettes de riz) sont une entrée typique. ⊗ *Via Sardegna 28 • plan E2 • 06 482 1819/474 0557 • f. sam. midi, dim. • AH • €€€€.*

Trimani
Bar à vin chic qui propose nombre de soupes, pâtes, fromages et viandes fumées. ⊗ *Via Cernaia 37B • plan F3 • 06 446 9630 • f. dim. • AH • €.*

La Gallina Bianca
Près de la gare de Termini, on y sert des pizzas napolitaines à pâte épaisse mais très légère, car levée lentement. ⊗ *Via A. Rosmini 9 • plan F3 • 06 474 3777 • ouv. t.l.j. • AH • €.*

Dagnino
Le meilleur endroit de Rome pour goûter les pâtisseries siciliennes. ⊗ *Via Vittorio Emanuele Orlando 75 et via Torino 95 • plan E3 • 06 481 8660 • AH • €.*

Sapori Sardi
Dégustez des plats de Sardaigne et de la liqueur de myrthe dans un cadre agréable. ⊗ *Via Piemonte 79 • plan E2 • 06 474 5256 • f. dim. • AH • €.*

Africa
Des légumes et de la viande épicés avec un pain spongieux. ⊗ *Via Piemonte 79 • plan E2 • 06 474 5256 • f. lun. • AH • €€.*

Remarque : sauf indication contraire, tous les restaurants acceptent les cartes de paiement et proposent des plats végétariens.

Gauche **Fresque, castel Sant'Angelo** Droite **Mosaïque, Santa Maria in Trastevere**

Le Trastevere et le Prati

L e Trastevere, « l'autre côté du Tibre », est un quartier populaire depuis l'Antiquité. Situé sur la rive gauche du fleuve, c'est un ensemble pittoresque de ruelles étroites et sinueuses où s'élèvent de belles églises et de somptueux édifices Renaissance. Ayant conservé son caractère médiéval, il est considéré par les Romains comme le quartier le plus authentique de la ville, bien que son esprit populaire semble quelque peu remis en question par le tourisme et un certain embourgeoisement. Plus au nord et contigu au Vatican, le quartier du Borgo a perdu en grande partie son cachet médiéval dans les années 1930, lors du percement de la via della Conciliazione qui mène à Saint-Pierre. Au nord du Vatican, le quartier du Prati s'est développé au xixe s. Résidentiel et peu touristique, il a su préserver son authenticité ; et ses larges avenues, telles via Cola di Rienzo, via Giulio Cesare ou viale delle Milizie, sont bordées de nombreuses boutiques.

Statue, ponte Sant'Angelo

🔟 Les sites

1. Cité du Vatican
2. Basilique Saint-Pierre
3. Villa Farnesina
4. Santa Maria in Trastevere
5. Santa Cecilia in Trastevere
6. Jardins du Vatican
7. Castel Sant'Angelo
8. San Francesco a Ripa
9. Gianicolo
10. Ponte Sant'Angelo

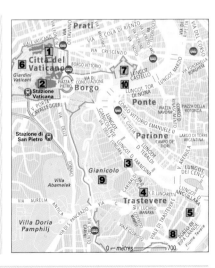

1 Cité du Vatican

Cet ensemble artistique exceptionnel abrite notamment la somptueuse chapelle Sixtine de Michel-Ange et les Chambres de Raphaël *(p. 8-11)*.

2 Basilique Saint-Pierre

La basilique renferme de nombreux trésors du Bernin et de Michel-Ange, et sa coupole majestueuse offre un panorama inoubliable *(p. 12-13)*.

3 Villa Farnesina

Cette splendide villa fut édifiée par Baldassare Peruzzi (1508-1511) pour le richissime banquier Agostino Chigi, dont les réceptions sont restées célèbres. Le salon du rez-de-chaussée est décoré de fresques mytholo-giques réalisées par Sebastiano del Piombo *(Polyphème),* Peruzzi (l'horoscope du plafond) et Raphaël *(Galatée)*. À l'étage, les colonnades en trompe l'œil de Peruzzi encadrent des fresques de paysages romains du XVIe s. que recouvrent par endroits des graffitis datant du sac de Rome (1527). La chambre à coucher est ornée des sen-suelles *Noces d'Alexandre et de Roxane* du Sodoma (1517). ◈ *Via della Lungara 230 • plan J5 • ouv. lun.-sam. 9h-13h (apr.-m. sur r.-v.) • EP.*

Coupole, basilique Saint-Pierre

4 Santa Maria in Trastevere

Fondée selon la légende au IIIe s., ce fut la première église de Rome dédiée à la Vierge. L'édifice actuel date du XIIe s. et a conservé son aspect médiéval, notamment ses trois nefs séparées par 22 colonnes antiques. Il abrite également de splendides mosaïques du XIIIe s., dont la magnifique *Vie de la Vierge* de Pietro Cavallini (1291) dans la partie inférieure de l'abside, et un beau pavement cosmatèque. Dans la chapelle à gauche de l'autel, la *Madonna della Clemenza* date sans doute du VIIe s. *(p. 45)*.
◈ *Piazza S. Maria in Trastevere • plan K6 • ouv. t.l.j. 7h30-20h • EG.*

Statue de sainte Cécile, Santa Cecilia in Trastevere

Le Tibre vu du castel Sant'Angelo

Santa Cecilia in Trastevere
L'église primitive fut fondée au IVe s. sur l'emplacement présumé de la maison de sainte Cécile, dont on aperçoit des vestiges au sous-sol. Sous les mosaïques scintillantes de l'abside (IXe s.), l'autel est surmonté d'un ciborium de marbre d'Arnolfo di Cambio (1293). Sous l'autel, une statue de Carlo Maderno (1600) représente sainte Cécile telle que l'artiste la découvrit à l'ouverture du sarcophage en 1599. Le couvent contigu abrite un magnifique *Jugement dernier* (1293), fresque de Pietro Cavallini. ◈ *Piazza di S. Cecilia 22 • plan D5 • ouv. t.l.j. 9h30-13h et 16h-18h30 (16h15-18h en été) • crypte : EP.*

Jardins du Vatican
Pelouses, bosquets, grottes et fontaines ornent ces jardins du XVIe s. qui abritent la tour de

Sainte Cécile

Patronne des musiciens, Cécile était une patricienne romaine convertie en secret au christianisme. En 230, après avoir survécu miraculeusement au supplice de l'étouffement, elle fut décapitée. C'est à l'emplacement de l'église qui lui est dédiée qu'elle aurait été martyrisée en compagnie de son époux Valentinien, qu'elle avait converti.

Radio Vatican conçue par Marconi en 1931, la salle des audiences pontificales dessinée par Pier Luigi Nervi et la Casina de Pie IV, une résidence maniériste du XVIe s., siège de l'académie vaticane des Sciences. ◈ *Viale Vaticano • plan A2 • 06 6988 4676 • vis. guid. t.l.j. à 11h sf mer. et dim. • www.vatican.va • AH • EP : 30 €.*

Castel Sant'Angelo
Construit par Hadrien au Ier s., ce mausolée grandiose fut fortifié et incorporé par Aurélien en 271 dans les remparts cernant la ville *(p. 152)*. Son nom est lié à une vision du pape Grégoire le Grand en 590, dans laquelle l'archange Michel, remettant son épée au fourreau, lui apparut au sommet de l'édifice pour annoncer la fin d'une épidémie de peste. Citadelle et prison pontificale, quatre papes y furent emprisonnés jusqu'à la mort. Les étages supérieurs abritent les appartements pontificaux ornés de fresques, et la terrasse offre de magnifiques vues sur la ville. ◈ *Lungotevere Castello 50 • plan J1 • ouv. mar.-dim. 9h-19h30 • EP.*

San Francesco a Ripa
Édifiée au début du XIIIe s. sur l'emplacement de l'hospice San Biagio où séjourna saint François d'Assise en 1210, l'église a été reconstruite au

XVIIe s. En demandant au sacristain, il est possible de visiter la cellule qu'occupa saint François. La quatrième chapelle de gauche abrite l'éblouissante *Bienheureuse Ludovica Albertoni* (1674), une œuvre bouleversante et sensuelle du Bernin. ◈ *Piazza di S. Francesco d'Assisi 88 • plan C5 • ouv. lun.-sam. 7h-12h et 16h-19h30 • EG.*

9 Gianicolo

Surplombant le Tibre et séparant le Trastevere du Vatican, cette colline offre un panorama splendide *(p. 60)*. L'épouse de Garibaldi, Anita, est enterrée sous l'un des deux monuments équestres dédiés au général. ◈ *Plan B4.*

10 Ponte Sant'Angelo

Seules les trois arches médianes subsistent du pont construit en 133-134 par Hadrien pour accéder à son mausolée. Les statues des saints Pierre (de Lorenzetto) et Paul (de Paolo Taccone) ont été installées par Clément VII en 1534. En 1668, Clément IX chargea le Bernin d'ajouter les dix anges portant les symboles de la Passion. ◈ *Plan J2.*

Sculpture du Bernin, San Francesco a Ripa

Un jour au Trastevere

Le matin

Commencez par **San Crisogno** *(p. 142)* et demandez au gardien de voir les vestiges au sous-sol. Allez à **San Francesco a Ripa** pour admirer la magnifique sculpture du Bernin. Prenez ensuite la via Anicia, la via Madonna dell'Orto à droite, puis la via di San Michele à gauche pour arriver à **Santa Cecilia**. Visitez la crypte et laissez une offrande aux religieuses pour admirer les fresques de Cavallini. Sortez par la gauche de la cour sur la via dei Genovesi qui mène à la viale Trastevere.

Traversez la piazza S. Maria in Trastevere, prenez à droite jusqu'à la piazza di S. Egidio, puis à gauche vers la via della Scala. Passez devant Santa Maria della Scala et montez par la via della Lungara à la **villa Farnesina** *(p. 139)*, pour en admirer les fresques (fermeture à 13 h). Reposez-vous un moment dans la fraîcheur de l'**Orto botanico** *(p. 142)*, puis revenez au cœur du Trastevere pour manger une pizza chez **Dar Poeta** *(p. 148)*.

L'après-midi

Visitez les collections du **museo di Roma** *(p. 142)*, puis la splendide église médiévale **Santa Maria in Trastevere** *(p. 139)*. Montez ensuite par la via Garibaldi dans la cour de **San Pietro in Montorio** *(p. 142)*, où se trouve le Tempietto de Bramante. Vous pouvez aussi passer l'après-midi à flâner dans les pittoresques ruelles médiévales du Trastevere, en attendant que le quartier reprenne vie en fin d'après-midi.

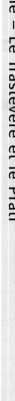

Gauche **Palazzo Corsini** Droite **Ponte Rotto**

10 Autres visites

San Pietro in Montorio
Dans la cour, le Tempietto réalisé par Bramante (1502) serait édifié à l'endroit où saint Pierre fut crucifié. ✪ *Piazza San Pietro in Montorio 2 • plan C4 • ouv. lun.-ven. 8h30-12h et 15h-16h, sam.-dim. 8h30-12h • EG.*

Palazzo Corsini
Palais du XVIe s. doté d'une remarquable collection d'œuvres de Fra Angelico, Van Dyck, Titien, Rubens et Caravage. ✪ *Via della Lungara 10 • plan J5 • ouv. mar.-dim. 8h30-19h30 • EP.*

Isola Tiberina
Depuis le IIIe s. av. J.-C., l'île est associée à Esculape, dieu de la Médecine, qui y serait apparu. Un hôpital y est d'ailleurs installé. ✪ *Plan M6.*

Orto botanico
Propriété de l'université de Rome, le Jardin botanique faisait partie des beaux jardins Corsini. ✪ *Largo Cristina di Svezia 24 • plan J5 • avr.-oct. : ouv. 9h30-18h ; nov.-mars. : lun.-sam. 9h30-17h30 • AH • EP.*

Ponte Rotto
Le premier pont en pierre de Rome (IIe s. av. J.-C.) doit son nom à son effondrement en 1598 (*rotto* signifie « cassé »). Deux des trois arches restantes servirent à la construction du ponte Palatino en 1886. ✪ *Plan N6.*

Santa Maria della Scala
Charmante église de la fin de la Renaissance, avec une *Vierge à l'Enfant* de Giuseppe Cesari, pseudonyme d'Il Cavaliere d'Arpino. ✪ *Piazza S. Maria della Scala 23 • plan K6 • ouv. t.l.j. 9h-12h et 15h30-18h • EG.*

Fontana Paola
Cette immense fontaine en forme d'arc de triomphe (1612) se trouve à l'extrémité de l'aqueduc Acqua Paola. ✪ *Plan B5.*

Villa Doria Pamphilj
Aménagée par Camillo Pamphilj (1644-1652), cette propriété constitue aujourd'hui le plus grand parc public de Rome. ✪ *Via di S. Pancrazio • plan B5 • ouv. t.l.j. aube-crépuscule • AH • EG.*

Museo di Roma in Trastevere
Installé dans un ancien couvent restauré, le musée illustre la vie quotidienne à Rome depuis l'Antiquité. ✪ *Piazza di S. Egidio 1B • plan K6 • ouv. mar.-dim. 10h-20h • EP.*

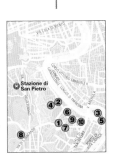

San Crisogno
Sa façade médiévale a été restaurée à l'identique en 1626. Beau plan basilical à trois nefs séparées par 22 colonnes. ✪ *Piazza S. Sonnino 44 • plan L6 • ouv. lun.-sam. 7h30-11h30 et 16h-19h30, dim. 8h-13h et 16h-19h30 • EP.*

Gauche **Coin** Droite **Polvere di Tempo**

⁵¹⁰ Magasins de Rome

1 Coin
C'est dans ce grand magasin d'un bon rapport qualité/prix que les Romains viennent faire leurs courses (vêtements, papeterie, cuisine, etc.). Au supermarché, en sous-sol, on trouve de quoi préparer un éventuel pique-nique. ❧ *Via Cola di Rienzo 173 • plan C2.*

2 Franchi
C'est l'une des meilleures épiceries de la ville. Très populaire pour ses plats préparés à midi et pour ses savoureux *calzone* (pizza en chausson) le soir. Les Romains y font la queue dès 17 h. ❧ *Via Cola di Rienzo 200 • plan C2.*

3 Castroni
Haut lieu de la gastronomie romaine depuis 1932, cette boutique déborde de spécialités toutes prêtes des quatre coins du monde, de la Grèce à l'Inde, en passant par le Moyen-Orient et l'Extrême-Orient. ❧ *Via Cola di Rienzo 196 • plan C2.*

4 Energie
Que vous cherchiez des jeans, des tee-shirts ou des chaussures, Energie présente toutes les nouveautés de la mode italienne pour les jeunes. ❧ *Via Cola di Rienzo 143 • plan C2.*

5 Azi
On y découvre toutes sortes d'objets pour la maison, conçus par les plus grands designers italiens. ❧ *Via L. Manara 7 • plan C5.*

6 L'Artigianino
Des portefeuilles, sacs, mallettes et ceintures en cuir à tous les prix. Des articles originaux côtoient les classiques. ❧ *Vicolo del Cinque 49 • plan C4.*

7 Il Picchio
Le propriétaire fabrique lui-même et peint sur place ses créations en bois, entre autres des jouets et des articles pour la maison. ❧ *Via del Moro 46 • plan K6.*

8 Polvere di Tempo
On y trouve des instruments à mesurer le temps sans la moindre mécanique (sabliers, cadrans solaires, astrolabes, etc.). ❧ *Via del Moro 59 • plan L6.*

9 Sabon
Cette boutique vend des articles de toilettes et des bougies à base de sels de la mer Morte. ❧ *Via Cola di Rienzo 241 • plan C2.*

10 Costantini
Une immense cave à vin, qui possède l'un des meilleurs choix de grands crus, et à des prix raisonnables. ❧ *Piazza Cavour 16 • plan C2.*

Pages suivantes : **basilique et place Saint-Pierre** *(p.12-13)*

143

Gauche **Ombre Rosse** Droite **Freni e Frizioni**

Pubs, cafés et bars

1 Ombre Rosse
Toujours animé et avec une terrasse sur la place en été, ce pub décontracté est une valeur sûre du Trastevere. Ⓢ *Piazza S. Egidio 12-13 • plan K6.*

2 Freni e Frizioni
Cet *aperitivo* branché occupe un ancien garage et propose l'été des plats en buffet. Aux beaux jours, le bar déborde dans une cour dominant le Tibre.
Ⓢ *Via del Politeama 4 • plan K5.*

3 Bar San Calisto
Ce bar tranquille est l'antithèse des pubs branchés du quartier. Les gens du pays viennent ici pour jouer aux cartes ou lire les journaux. Atmosphère accueillante et prix raisonnables.
Ⓢ *Piazza di San Calisto • plan K6.*

4 Caffè delle Arance
Excessivement cher et assez banal, son plus grand atout est son emplacement. Les serveurs sont maussades, mais le *spremuta* (jus d'oranges fraîchement pressées) est divin.
Ⓢ *Piazza S. Maria in Trastevere 2 • plan K6.*

5 Big Hilda Café
Sur fond de musique rock, ce bar accueillant propose un choix de salades et de sandwichs à des prix corrects.
Ⓢ *Vicolo del Cinque 33-34 • plan K6.*

6 Friends
Ce bar-restaurant semi-circulaire est toujours bondé le soir. La cuisine est inventive et les sandwichs assez originaux.
Ⓢ *Piazza Trilussa 34 • plan K6.*

7 Enoteca Trastevere
Ce bar à vin, avec son séduisant intérieur de bois sombre et ses nombreuses tables sur les pavés, est très fréquenté. Il sert également des cocktails et des snacks.
Ⓢ *Via della Lungaretta 86 • plan L6.*

8 Roma Caput Mundi
Très bien situé, ce pub irlandais est l'endroit idéal pour boire une pinte de Guinness, de Kilkenny ou de Harp en soirée.
Ⓢ *Via Luciano Manara 64 • plan C5.*

9 Il Baretto
Il règne une atmosphère vintage dans ce bar à *aperitivo* informel. Les excellentes boissons et les concerts live en font un lieu nocturne populaire apprécié des autochtones.
Ⓢ *Via Garibaldi 27G • plan C4.*

10 Mr Brown
Bar de style anglais très populaire, avec une ambiance sportive vaguement démodée et une clientèle britannique fidèle.
Ⓢ *Vicolo del Cinque 29 • plan K6.*

Gauche **Big Mama** Droite **Caffè della Scala**

🔟 Salles de concert

1 Alexanderplatz
Dans le Prati, c'est le meilleur club de jazz de Rome. Wynton Marsalis, Lionel Hampton, George Coleman et bien d'autres vedettes internationales s'y sont produits (p. 78). ✆ Via Ostia 9 • plan B1.

2 Big Mama
Le haut lieu du blues à Rome. Les grands y enregistrent, les autres s'y produisent. Ouvert uniquement pour les concerts (p. 78). ✆ Vicolo di S. Francesco a Ripa 18 • plan C5.

3 Akbar
Le mobilier dépareillé et le décor coloré reflètent l'esprit bohème de ce bar. Ouvert tous les jours, avec de la musique live le week-end. ✆ Piazza in Piscinula 51 • plan M6.

4 Saxophone Pub
Ce pub proche du Vatican sert des salades et des sandwichs. L'ambiance est sympathique. Des groupes de jazz et de blues viennent y jouer. ✆ Via Germanico 26 • plan B1.

5 Four Green Fields
Pub de style british à l'étage, proposant le soir au rez-de-chaussée des concerts de tous styles musicaux. ✆ Via C. Morin 42 • plan B1.

6 Fonclea
Depuis 1977, cet établissement, situé tout près de la piazza del Risorgimento, est le rendez-vous incontournable de la musique live, jazz, soul, funk et rock selon les soirs. ✆ Via Crescenzio 82 • plan B2.

7 Birreria Trilussa
Ici, on sert de la bière et une cuisine simple jusque tard dans la nuit, dans une ambiance traditionnelle. L'endroit est confortable. Concerts certains soirs. ✆ Via Benedetta 19 • plan K6.

8 The Place
La programmation des concerts est variée. L'endroit reçoit des groupes de jazz comme des chansonniers. ✆ Via Alberico II 29 • plan B2.

9 Caffè della Scala
Bar décontracté qui sert de puissants cocktails et d'excellentes grappas. On peut parfois y assister à des concerts. ✆ Via della Scala 4 • plan K6.

10 Lettere Café
Cet endroit est dédié au livre, mais on y donne des concerts de musique locale deux fois par semaine. ✆ Via di S. Francesco a Ripa 100 • plan C5.

Gauche **Il Boom** Droite **Pizzeria da Ivo**

TOP10 Restaurants bon marché

Da Augusto
1 Authentique *osteria* du Trastevere, avec tables en bois et menu traditionnel. ✆ *Piazza de' Renzi 15 • plan K6 • 06 580 3798 • pas de carte de paiement • €.*

Il Rugantino
2 Une des plus vieilles trattorias du Trastevere, avec un espace en plein air donnant sur la piazza. Cuisine romaine traditionnelle. ✆ *Piazza Mastai 1-4 • plan C5 • 06 581 9870 • €€.*

La Tana dei Noiantri
3 Le meilleur de la cuisine romaine, avec les *penne all'arrabbiata* (pâtes avec sauce tomate épicée). L'été, quelques tables sont disposées sur la piazza. ✆ *Via della Paglia 1-3, derrière la piazza S. Maria in Trastevere • plan K6 • 06 580 6404 • f. mar. • €.*

Pizzeria da Ivo
4 Une ambiance animée et une clientèle d'habitués passionnés de football caractérisent cette pizzeria très populaire (p. 72). ✆ *Via della Lungaretta 54 • plan K6 • 06 581 8517 • €€.*

Sorpasso
5 Bon restaurant et épicerie de produits méditerranéens. Atmosphère décontractée. ✆ *Via Properzio 31-33 • plan B2 • 06 890 2455 • f. dim. • €.*

Pizzeria Dar Poeta
6 Pizzas savoureuses et originales, à la romaine malgré une pâte épaisse (p. 72). ✆ *Vicolo del Bologna 45-46 • plan K6 • 06 568 0516 • €.*

Osteria dell'Angelo
7 Excellente cuisine romaine traditionnelle à des prix très raisonnables. Réservation conseillée. ✆ *Via G. Bettolo 24 • plan B1 • 06 372 9470 • f. midi (sf lun. et sam.), dim. • €.*

Pizzeria da Vittorio
8 On y mange les meilleures pizzas napolitaines de Rome, ainsi que de bons antipasti. Un ventilateur rafraîchit la salle où sont exposées les photos des clients célèbres. ✆ *Via S. Cosimato 14A • plan K6 • 06 580 0353.*

Bir & Fud
9 Cette pizzeria a plus de 100 bières, de délicieux hors-d'œuvre frits et des pizzas à pâte épaisse aux ingrédients de premier choix. ✆ *Via Benedetta 23 • plan K5 • 06 589 4016 • €.*

Il Boom
10 Des juke-boxes ainsi que des posters en noir et blanc rappellent les années 1950, 1960 et 1970. Cuisine méridionale originale sans chichis. ✆ *Via dei Fienaroli 30A • plan K6 • 06 589 7196 • f. midi • €€.*

Catégories de prix
Pour un repas avec entrée, plat et dessert, une demi-bouteille de vin, taxes et service compris.

€ moins de 30 €
€€ de 30 à 40 €
€€€ de 40 à 50 €
€€€€ de 50 à 60 €
€€€€€ plus de 60 €

Ci-dessus **Il Matriciano**

🔟 Restaurants de charme

1 Sabatini
C'était l'un des restaurants favoris de Fellini. Cuisine romaine et fruits de mer. Prenez une table en terrasse *(p. 74)*. ✆ Piazza S. Maria in Trastevere 13 • plan K6 • 06 581 2026 • f. mer. • €€€€.

2 Ferrara
Décor minimaliste pour ce restaurant branché doté d'un patio. La cuisine, dérivée d'une carte des vins remarquable, est inventive. ✆ Via del Moro 1A • plan K6 • 06 580 3769 • €€€€.

3 Sora Lella
Ce restaurant, situé sur l'isola Tiberina, est rehaussé de poutres au plafond. Cuisine romaine savoureuse, mais relativement peu copieuse au regard des traditions italiennes. ✆ Via di Ponte Quattro Capi 16 • plan M6 • 06 686 1601 • f. mar. midi et dim. • €€€.

4 Les Étoiles
On y vient pour dîner *al fresco* et bénéficier d'une vue splendide sur la basilique Saint-Pierre. ✆ Via Vitelleschi 34, hôtel Atlante Star • plan B2 • 06 687 3233 • €€€€€.

5 Antico Arco
Cuisine italienne et branchée dans un cadre ravissant sur le Gianicolo. ✆ Piazzale Aurelio 7 • plan B5 • 06 581 5274 • f. midi • €€€€.

6 Il Ciak
Cette trattoria toscane propose d'excellents plats de gibiers. ✆ Vicolo del Cinque 21 • plan K6 • 06 589 4774 • €€.

7 La Gensola
Dans un décor classique, le poisson et les fruits de mer dominent la somptueuse carte *(p.74)*. ✆ Piazza della Gensola 15 • plan M6 • 06 581 6312 • €€€€.

8 Il Matriciano
Cet endroit est fréquenté par les hommes d'affaires et réalisateurs de Cinecittà. Terrasse en été. ✆ Via dei Gracchi 55 • plan C2 • 06 321 3040 • f. mer. • €€.

9 La Pergola
Le chef réputé et le point de vue splendide font de ce lieu l'un des plus grands restaurants de Rome. ✆ Rome Cavalieri Hilton Hotel, via Cadlolo 101 • plan B1 • 06 3509 2211 • f. dim.-lun. • €€€€€.

10 Taberna de' Gracchi
Le restaurant de Dante Mililli est moderne ; on y sert une cuisine traditionnelle romaine avec des touches contemporaines. C'est le lieu parfait pour célébrer un heureux événement en grandes pompes. ✆ Via dei Gracchi 266-268 • plan C2 • 06 321 3126 • f. dim. • €€€€€.

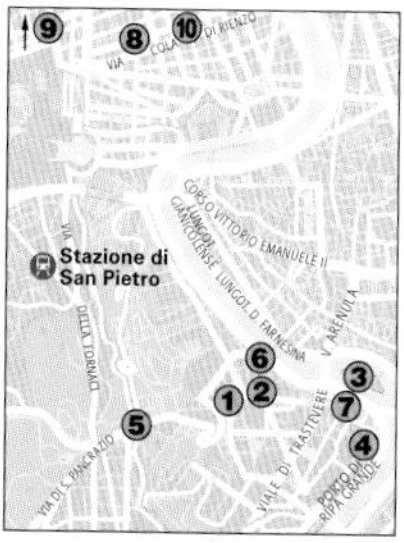

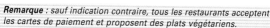

Remarque : sauf indication contraire, tous les restaurants acceptent les cartes de paiement et proposent des plats végétariens.

149

Gauche **Colisée « carré », E.U.R.** Droite **Via Appia Antica**

Rome hors les murs

É difié au IIIe s., le mur d'Aurélien est resté en grande partie intact. Rempart
protecteur de la ville jusqu'à l'unification du pays en 1870, le mur a été
percé en maints endroits afin de favoriser la circulation entre le centre
historique et les banlieues modernes d'une capitale en pleine expansion.
S'il est indéniable que la plupart des magnifiques monuments et églises
se trouvent à l'intérieur du mur, les environs de Rome recèlent des trésors
tout aussi estimables. Lorsque l'on s'éloigne du centre-ville, on peut découvrir

les voies antiques,
quelques-unes des
plus anciennes églises
de Rome, les cata-
combes et une ville
antique fort bien
préservée, sans oublier
l'architecture affectée
de l'ère fasciste.

Mosaïque de l'abside, Sant'Agnese fuori le Mura

Les sites

1 Ostia Antica
2 San Paolo fuori le Mura
3 EUR
4 Via Appia Antica
5 Catacombes
6 Centrale Montemartini Museum
7 Auditorium Parco della Musica
8 MAXXI
9 Foro italico et stadio dei Marmi
10 Sant'Agnese fuori le Mura et Santa Costanza

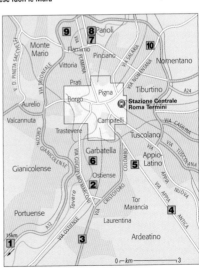

1 Ostia Antica

Les vestiges fascinants du grand port de la Rome antique évoquent l'histoire prestigieuse de la ville *(p. 36-37)*.

2 San Paolo fuori le Mura

Façade, San Paolo fuori le Mura

Deuxième basilique de Rome par sa taille, elle a connu une histoire mouvementée. Édifiée au IVe s. par Constantin à l'endroit où saint Paul fut inhumé en 67, elle fut, jusqu'à sa destruction par les Sarrasins en 846, la plus grande et la plus belle église de la ville. Reconstruite et fortifiée, elle sombra dans l'oubli jusqu'au milieu du XIe s. avant d'être de nouveau embellie durant les siècles suivants. Endommagée par un incendie en 1823, elle fut reconstruite à l'identique *(p. 45)*. ◈ *Via Ostiense 184 • plan D6 • métro Basilica S. Paolo • ouv. t.l.j. 7h-18h30 • EG.*

3 EUR

D'une symétrie rigoureuse, ce quartier élevé à la gloire du fascisme fut commencé par Mussolini en 1937 pour l'Exposition universelle de Rome (EUR) prévue en 1942. Interrompu et endommagé par la guerre, il ne fut achevé qu'à la fin des années 1950. Malgré une architecture grandiose et écrasante, son urbanisme a inspiré de nombreux architectes d'après-guerre. Orné d'un lac et d'espaces verts, il abrite le museo della Civiltà romana. ◈ *Métro EUR Palasport et EUR Fermi.*

Statue funéraire, via Appia Antica

4 Via Appia Antica

La plus célèbre des voies romaines fut entreprise en 312 av. J.-C. par le censeur Appius Claudius pour relier Rome à la Campanie. Elle part de la porta San Sebastiano, mais sa partie la plus bucolique commence au mausolée cylindrique de Cecilia Metella, incorporé à la forteresse de la famille Caetani au XIVe s. Au-delà, vous apercevrez de nombreux tombeaux et monuments jusqu'au Casal Rotondo. Tout en marchant, regardez vers l'est pour apercevoir les arches d'un ancien aqueduc *(p. 61)*.

5 Catacombes

Rome interdisant les sépultures intra muros, les premiers chrétiens, pour enterrer leurs morts, ont creusé, le long des voies prétoriennes partant de la ville, des souterrains sur plusieurs niveaux, d'une longueur estimée à plusieurs centaines de kilomètres. Ils furent abandonnés après les grandes invasions barbares. Les plus intéressants aujourd'hui bordent la via Appia Antica. Ils renferment des vestiges de fresques et de bas-reliefs *(p. 52)*.

Statue, centrale Montemartini Museum

6 Centrale Montemartini Museum

La première centrale électrique de Rome a été restaurée pour accueillir les statues grecques et romaines de la collection des musées du Capitole *(p. 24-27)* qui n'étaient pas exposées. L'architecture industrielle (la salle des machines a été conservée) met en valeur de façon étonnante la noblesse et la beauté des chefs-d'œuvre antiques. ✆ *Via Ostiense 106* • *plan D6* • *métro Piramide, Garbatella* • *ouv. mar.-dim. 9h-19h* • *AH* • *EP.*

7 Auditorium Parco della Musica

Dans la « cité de la musique » dessinée par Renzo Piano, le créateur du centre Pompidou, trois salles de concert en forme de baleine accueillent des vedettes internationales du rock, du jazz, de la variété et du classique. Les spectacles de danse et les nuits électroniques se tiennent dans la « salle de théâtre ». Les couloirs abritent des expositions temporaires. Le site renferme aussi un café et une librairie-magasin de disques. Une patinoire ouvre en hiver. ✆ *Via Pietro de Coubertin 30* • *06 802 41281* • *www.auditorium.com* • *f. en août* • *concerts payants.*

8 MAXXI

L'architecte anglo-irakienne Zaha Hadid a donné au premier centre d'art contemporain de la capitale italienne, inauguré en mai 2010, un édifice aux formes complexes offrant de nombreux parcours à découvrir. Le musée comprend deux sections. L'une est consacrée à l'architecture et à ses développements les plus récents. L'autre a pour ambition de servir de vitrine à l'art moderne italien. ✆ *Via Guido Reni 4A* • *www.fondazionemaxxi.it* • *EP.*

9 Foro italico et stadio dei Marmi

Sur l'ancien foro Mussolini, débaptisé à la fin de la Seconde Guerre mondiale, l'obélisque haut de 16 m porte toujours l'inscription *« Mussolini Dux »*.

Le mur d'Aurélien

Ce mur fut commencé par l'empereur Aurélien (270-275) et achevé par son successeur, l'empereur Probus (276-282). Composé de 18 portes et de 381 tours, il ceinture la ville sur 18 km et englobe les sept collines de Rome. Au IVe s., l'empereur Maxence en doubla la hauteur. Aujourd'hui, la majeure partie est toujours visible et intacte.

Musée d'art contemporain MAXXI

À l'instar des empereurs de l'Antiquité, Mussolini avait l'intention d'y édifier une statue de 75 m de haut le représentant sous les traits du dieu Hercule. Le stadio dei Marmi est remarquable pour ses 60 sculptures colossales figurant de jeunes athlètes nus.
◈ *Viale del Foro Italico • bus 280.*

10 Sant'Agnese fuori le Mura et Santa Costanza

Ces deux splendides églises du IVe s. sont décorées chacune de magnifiques mosaïques. Dans la première église, sainte Agnès est représentée en impératrice, telle qu'elle apparut huit jours après sa mort ; dans le déambulatoire de la seconde église, la voûte est ornée de fruits, de fleurs, d'animaux et d'une scène de vendanges. ◈ *Via Nomentana 349 • bus 36, 60, 62, 84, 90 • ouv. t.l.j. 7h30-12h et 16h-19h ; Santa Costanza : ouv. lun.-sam. 9h-12h et 16h-18h • AH • EG.*

Santa Costanza

Promenade matinale sur la via Appia Antica

Partez de la **porta San Sebastiano**, la plus majestueuse de la ville, et visitez le **museo delle Mura** (p. 55) avant d'emprunter l'escalier pour jouir de la vue. Prenez ensuite la **via Appia Antica** (p. 151). L'un des premiers sites que vous apercevrez, à gauche d'un carrefour, est la petite église Domine Quo Vadis. C'est ici que saint Pierre, fuyant Rome et les persécutions, aurait rencontré Jésus et lui aurait demandé « *Quo vadis Domine ?* » (« Où vas-tu Seigneur ? »). Jésus lui ayant répondu qu'il allait à Rome se faire crucifier une seconde fois, saint Pierre décida de revenir sur ses pas pour subir son martyre.

Un peu plus loin se trouvent les **catacombes de San Sebastiano**. Suivez la visite guidée et ne manquez surtout pas l'étonnante fresque figurant un bol de fruits et une perdrix qui, selon des sources anciennes, était la créature la plus lascive qui fût. Reprenez la via Appia Antica jusqu'aux ruines du cirque de Maxence, édifié au IVe s. et réservé aux courses de chars. Arrêtez-vous ensuite au paisible tombeau de Cecilia Metella, un mausolée cylindrique de 20 m de diamètre. Le monument date du Ier s. av. J.-C. et a conservé son parement antique de gros blocs de travertin ainsi qu'une frise ornée de boucliers, festons et bucranes.

Revenez sur vos pas pour déjeuner au **ristorante l'Archeologia** (p. 155). Ensuite, rebroussez chemin sur une centaine de mètres pour prendre le bus 118 et rentrer à Rome.

Profitez du dimanche pour visiter la via Appia Antica, la circulation automobile y est interdite.

Gauche **Pavement de mosaïque, villa Adriana** Droite **Colonnes ioniques, villa Adriana**

TOP 10 Excursions d'une journée

1 Tivoli, villa d'Este
Nichée sur une colline, Tivoli abrite la célèbre villa d'Este construite au XVIe s. Ses jardins sont magnifiques. ❧ *Bus COTRAL au départ du ponte Mammolo • villa d'Este : piazza Trento • 07 7433 2920 • ouv. mar.-dim. 8h30-1h av. le crépuscule • AH • EP.*

2 Villa Adriana
Cette résidence d'été édifiée entre 118 et 134 par l'empereur Hadrien est un musée dédié à l'architecture du monde romain. ❧ *Via Tiburtina, 6 km au SO de Tivoli • bus COTRAL au départ du ponte Mammolo • 06 3996 7900 • ouv. t.l.j. 9h-1h av. le crépuscule • AH • EP.*

3 Tarquinia
Splendide musée étrusque qui abrite les célèbres chevaux ailés (IVe s. av. J.-C.). ❧ *Train au départ de Termini ou Ostiense, bus COTRAL au départ de Lepanto • 076 685 6036 • ouv. mar.-dim. 8h30-1h av. le crépuscule • EP.*

4 Cerveteri
Nécropole bien conservée et vestiges de la cité étrusque fondée au IXe s. av. J.-C. ❧ *Train au départ de Termini pour Cerveteri-Ladispoli, 069 940 001 • ouv. mar.-dim. 8h30-1h av. le crépuscule • EP.*

5 Castelli Romani
Nagez dans le lago di Albano ou visitez le palazzo Chigi à Arricia, un vaste édifice baroque dessiné par le Bernin. ❧ *Métro Anagnina puis bus COTRAL • palazzo*

Chigi : 06 933 0053 • ouv. t.l.j. 10h-19h, vis. lun.-ven. à 11h, 16h et 17h30, le w.-e. toute la journée (jardins : ouv. avr.-sept.) • EP.

6 Frascati
De la ravissante villa Aldobrandini du XVIe s., le panorama est exceptionnel. ❧ *Métro Anagnina puis bus COTRAL • villa Aldobrandini : 06 678 7864 • ouv. lun.-ven. 9h-13h et 15h-18h (jusqu'à 17h en hiver).*

7 Palestrina
Cette ville abrite le plus beau temple hellénistique du pays et une belle mosaïque du IIe s. av. J.-C. ❧ *Métro Anagnina puis bus COTRAL • musée : ouv. t.l.j. 9h-20h • EP.*

8 Plages de Rome
Des plages privées et publiques *(spiaggia liberal)* se côtoient sur le littoral d'Ostia, au sud de la ville. ❧ *Train à prendre avec un ticket ATAC au départ de la porta San Paolo.*

9 Viterbo
Les remparts de cette ville médiévale abritent un palais pontifical, un musée archéologique et la fontana Grande. ❧ *Sites : ouv. mar.-sam. 8h30-19h • EP.*

10 Pompéi
En 79, le Vésuve entra en éruption et la ville fut ensevelie sous les cendres. ❧ *Train au départ de Termini pour Naples, puis train « Circumvesuviana » • ouv. t.l.j. 9h-1h av. le crépuscule • AH • EP.*

Catégories de prix

Pour un repas avec entrée, plat et dessert, une demi-bouteille de vin, taxes et service compris.

€ moins de 30 €
€€ de 30 à 40 €
€€€ de 40 à 50 €
€€€€ de 50 à 60 €
€€€€€ plus de 60 €

Ci-dessus **Vue de La Sibilla, Tivoli**

🔟 Où manger

1 Allo Sbarco di Enea, Ostia Antica

Dans ce lieu amusant, les serveurs sont vêtus à la romaine et le décor semble sorti de Cinecittà. Spécialités de poissons et *spaghetti alle vongole* (palourdes). 🔍 *Via dei Romagnoli 675* • *métro Piramide puis train local* • *06 565 0034* • *f. lun. midi* • *€€€*.

2 Il Pulcino Ballerino

Au cœur du quartier étudiant, cette trattoria animée possède un patio et a pour recette fétiche les *spaghetti al pulcino* en sauce à la crème et au citron. Elle propose aussi des viandes sur pierrade. Pensez à réserver. 🔍 *Via degli Equi 66* • *plan G4* • *06 494 1255* • *ouv. t.l.j.* • *AH* • *€*.

3 Ristorante l'Archeologia, via Appia Antica

Cette ancienne ferme a été joliment aménagée et dispose d'une terrasse en été. Cuisine régionale traditionnelle : pâtes maison et agneau rôti. 🔍 *Via Appia Antica 139* • *bus 118* • *06 788 0494* • *f. mar.* • *€€*.

4 La Villetta dal 1940, Piramide

Ce restaurant était très apprécié du peintre surréaliste Giorgio De Chirico. La cuisine se compose de plats romains comme la *saltimbocca alla romana* (escalope de veau au jambon et à la sauge). 🔍 *Viale della Piramide Cestia 53* • *bus 23, 30, 75, 95, 280, 716 et 719* • *06 575 0597* • *€*.

5 Primo al Pigneto

Haute cuisine du grand chef Marco Gallotta. Le menu est excellent à des prix abordables. 🔍 *Via del Pigneto 546* • *plan H4* • *06 701 3827* • *f. le midi* • *€€€*.

6 La Sibilla, Tivoli

Un lieu exceptionnel pour sa vue imprenable sur la villa Gregoriana. 🔍 *Via della Sibilla 50* • *bus COTRAL au départ du ponte Mammolo* • *0774 335 281* • *€€*.

7 San Marco, Tarquinia

Ancien couvent qui sert du gibier et des champignons sauvages en saison. 🔍 *Piazza Cavour 18* • *train au départ de Termini ou Ostiense, ou bus COTRAL au départ de Cornelia* • *0766 842 239* • *f. lun. midi* • *€*.

8 Pinocchio, Frascati

La spécialité de cet hôtel-restaurant est la fameuse *porchetta* (porc rôti). 🔍 *Piazza del Mercato 21* • *métro Anagnina, puis bus COTRAL* • *06 941 7883* • *€*.

9 Scylla, Sperlonga

Sur la plage, on y déguste d'excellents fruits de mer. 🔍 *Via San Rocco 26* • *train au départ de Termini pour Fondi, puis bus* • *0771549 652* • *f. dim. soir, mar. et mer.* • *€€*.

10 Enoteca La Torre, Viterbo

Très grands vins et plats locaux. 🔍 *Via della Torre 5* • *bus COTRAL au départ de Saxa Rubra ou train au départ de Roma Ostiense* • *0761 226 467* • *f. lun., mar. et mer. midi* • *€*.

 Remarque : *sauf indication contraire, tous les restaurants acceptent les cartes de paiement et proposent des plats végétariens.*

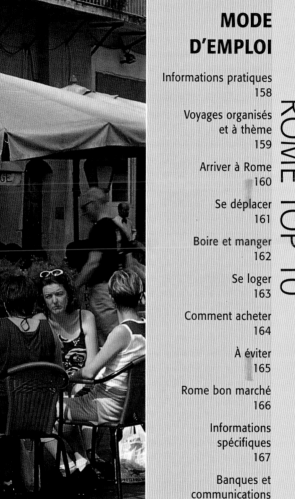

MODE
D'EMPLOI

ROME TOP 10

Gauche **Logo de l'ENIT** Centre **Kiosque à journaux** Droite **La presse**

TOP 10 Informations pratiques

1 Office de tourisme à Paris

Le bureau de l'office national italien (ENIT) de tourisme à Paris est ouvert au public et envoie aussi de la documentation par mail.

2 ENIT en Europe

Présent dans la plupart des capitales, l'ENIT, l'office national de tourisme italien, vous fournira les informations nécessaires à votre voyage. ◈ www.enit.it

3 Offices de tourisme à Rome

L'office de tourisme dispose de trois grandes agences en ville *(voir encadré)*. Dix kiosques privés dispensent également des informations, qui sont toutefois moins complètes que celles fournies par les offices de tourisme. ◈ *Rens. : 060608 (ouv. 9h-21h).*

3 Sites Internet

Le site Internet officiel de Rome est www.turismoroma.it ; celui du Vatican est www.vaticano.va. De nombreux sites Internet ou moteurs de recherche proposent voyages, séjours et hôtels en ligne, et des liens vers des sites régionaux.

4 Douanes et formalités

Pour les ressortissants de l'Union européenne, de la Suisse et du Canada, une carte d'identité ou un passeport en cours de validité suffisent pour un séjour inférieur à trois mois. Les voyageurs en provenance de l'Union européenne n'ont pas de déclaration de douane à faire concernant les biens destinés à leur usage personnel.

5 Horaires

La plupart des magasins, des services et des musées ouvrent entre 8 h et 9 h, ferment pour le *riposo* (12 h 30 ou 13 h à 15 h ou 16 h), puis ferment entre 18 h et 20 h.

6 Électricité

L'électricité est en 220 volts et la fréquence de 50 Hz. Pour les voyageurs canadiens, un adaptateur est donc indispensable. Sachez toutefois que les ordinateurs portables et les caméscopes en sont généralement équipés.

7 Télévision et journaux

La plupart des grands hôtels ont la télévision par satellite. À Rome, les quotidiens et magazines français sont disponibles dans les kiosques, comme l'ensemble de la presse mondiale, mais avec au moins un jour de retard. L'hebdomadaire *Roma C'è* recense l'ensemble des événements et manifestations romains (avec plus de détails que l'office de tourisme) et fournit également des informations touristiques.

8 Quand partir

Le climat romain est doux. Toutefois, il neige parfois en février et la température peut être accablante en août. Le printemps est très agréable, mais c'est la saison la plus touristique (avec septembre-octobre). Rome est quasi déserte en août, car les Italiens sont en vacances et délaissent les villes pour échapper aux fortes chaleurs. Beaucoup de magasins et de restaurants sont alors fermés.

9 Jours fériés

Ce sont les 1er et 6 janvier, dimanche et lundi de Pâques, les 25 avril, 1er mai, 2 et 29 juin, 15 août, 1er novembre et les 8, 25 et 26 décembre.

Offices de tourisme

Paris
ENIT
*23, rue de la Paix
75002 Paris
www.enit.it*

Rome
Via Parigi 5
*Plan E3 • 06 4889 91
• ouv. lun.-sam. 9h-19h.*

Gare de Termini
Plan F3 • rés. : 89 2021.

Aéroport de Fiumicino
06 65951.

Gauche **Attelage touristique** Droite **Bus touristique**

TOP 10 Voyages organisés et à thème

1 Forfaits
Compagnies aériennes et voyagistes offrent des forfaits voyage-hôtel avantageux, mais les hôtels proposés sont parfois éloignés du centre-ville. Sachez que certains petits hôtels centraux offrent souvent des tarifs aussi intéressants.

2 Voyages organisés
Les voyages organisés facilitent les déplacements et évitent les problèmes de langue, mais ne laissent que peu de liberté. Ils font découvrir Rome selon un programme préétabli. De plus, il est difficile d'entrer en contact avec les Romains lorsque l'on est entouré de nombreux compatriotes.

3 Séjours d'études
Pour ceux qui souhaitent étudier l'art en admirant les œuvres originales, il existe de nombreuses possibilités d'étudier l'histoire, la culture, la peinture, la cuisine ou la langue. Pour plus d'informations, consultez les sites www.iicparis.org ou www.infohub.com (en italien et en anglais).

4 Visites en français
Si vous souhaitez faire une visite guidée de Rome, vous pouvez vous adresser au centre culturel français de Saint-Louis qui propose différentes formules pour découvrir la ville. 🖋 *Centre culturel français Saint-Louis • largo Toniolo 20-22 • 06 7049 6985.*

5 Rome en bus
Le bus ATAC n° 110 à ciel ouvert effectue le tour de 80 sites en trois heures, mais sans guide. Il part tous les jours de Termini, toutes les 15 min de 8 h 30 à 19 h du lun. au ven., toutes les 20 min les sam. et dim. Le ticket coûte 19 € et vous permet de monter et descendre à votre gré. Pour une visite guidée, adressez-vous à Carrani Tours (commentaires en français). 🖋 *Bus ATAC : 800 431784, www.atac. roma.it • Carrani Tours : via Vittoria E. Orlando 95, 06 488 0510.*

6 Rome à vélo
Vous pouvez louer un VTT (attention aux pavés) pour faire le tour de la ville (4 h environ) et visiter la via Appia Antica le dimanche (p. 61). 🖋 *Location : Collalti, via del Pellegrino 80A/82, 06 6880 1084 • I bike Rome, via Vittorio Veneto 156, 06 322 5240 • Rent Noleggio, via Cavour 199, 06 474 3941.*

7 Cours d'italien
Italiaidea propose des cours de 2 à 8 semaines, un cours intensif de 15 heures, des promenades à pied, des week-ends et des cours de cuisine pour apprendre l'italien. L'école Leonardo da Vinci organise des cours de 2 à 24 semaines, orientés vers différents aspects de la culture italienne. 🖋 *Italiaidea : 06 6994 1314, www.italiaidea.com • école Leonardo da Vinci, piazza dell'Orologio 7, 06 6889 2513, www. scuolaleonardo.com*

8 Cours d'art
L'Istituto italiano arte artigianato e restauro propose 1 semaine pour apprendre la restauration, 2 semaines pour les techniques des fresques et des vitraux. L'Atelier Alupi donne des cours de dessin, peinture à l'huile ou aquarelle pour différents niveaux. 🖋 *Istituto italiano arte artigianato e restauro : 335 720 1671, www. scuolarestauro.it*

9 Visites guidées
Quelques églises, musées et sites antiques proposent des visites guidées, souvent gratuites. De nombreux musées disposent également d'audioguides ou de MP3 à des prix raisonnables.

10 Guides privés
Adressez-vous à l'office de tourisme (p. 158) pour obtenir la liste des guides assermentés. Comptez au moins entre 15 € et 20 € l'heure.

Gauche **Aéroport de Fiumicino** Droite **Gare de Termini**

TOP10 Arriver à Rome

1 En avion de France
Air France (www.airfrance.fr, 3654) assure une quinzaine de vols quotidiens vers Rome depuis Roissy. Alitalia (www.alitalia.fr, 0892 655 655) propose 5 vols quotidiens directs entre Paris et Rome.

2 En avion de Belgique
Brussels Airlines (www.brusselsairlines.com, 0902 51600) propose 4 vols quotidiens vers l'aéroport de Fiumicino au départ de Zaventem.

3 En avion de Suisse
La compagnie Swiss (www.swiss.com, 0848 85 2000) assure plusieurs vols quotidiens vers Fiumicino.

4 En avion du Canada
Air Canada (www.aircanada.com, 1 888 247 22 62) propose 1 vol quotidien de Montréal et de Toronto vers Rome, et Air Transat (www.airtransat.com, 1 866 847 19 19) assure 1 vol hebdomadaire au départ de Montréal.

5 Réductions Internet
La plupart des compagnies aériennes proposent sur leurs propres sites des réductions, des soldes de dernière minute, des tarifs spéciaux et des forfaits. Si vos dates de départ sont souples, vous pouvez aussi profiter des tarifs préférentiels des compagnies low-cost (www.easyjet.com ou www.ryanair.com). Au départ du Canada, les meilleurs tarifs sont proposés par www.orbitz.com

6 Aéroport Fiumicino (Leonardo da Vinci)
L'aéroport international se trouve à 30 km à l'ouest de Rome. Le tarif officiel d'une course en taxi jusqu'au centre (et jusqu'à 4 personnes) est de 48 €. Des trains pour la gare Termini partent toutes les 30 min. Le ticket coûte 14 €. Pour 8 €, le train local Fr1 conduit à la gare du Trastevere d'où le tram 8 rejoint le centre du quartier ou le largo Argentina *(p. 99)*, de l'autre côté du pont.
Ⓢ *Aéroport de Fiumicino : 06 65951.*

7 Aéroport de Ciampino
Situé à 15 km au sud de la ville, le plus petit aéroport de Rome sert surtout aux lignes intérieures et aux compagnies low-cost. Les bus des sociétés Terravision, Atral et Sithosshuttle assurent des navettes fréquentes avec la gare Termini. Les taxis ne sont pas autorisés à demander plus de 30 € pour une course dans le centre (jusqu'à 4 passagers et leurs bagages).
Ⓢ *Aéroport de Ciampino : 06 794 941, www.adr.it*

8 En train
Rome est facilement accessible depuis la France, la Belgique et la Suisse. De Paris, un train de nuit relie Rome tous les jours en 15 h. L'Eurostar (ES) relie Milan à Rome en 3 h 30 via Florence. Les trains italiens très rapides (EC/IC/EN) sont plus chers, mais il en existe des rapides *(frecciarossa)* ou des plus lents *(regionale)*.

9 Gare de Termini
La principale gare de Rome dispose de guichets et de distributeurs automatiques dans le hall extérieur. Dans le hall intérieur se trouvent boutiques, restaurants, agences de voyages, une consigne à bagages et une pharmacie ouverte 24 h/24, ainsi qu'un centre commercial au sous-sol *(p. 158)*.

10 En voiture
L'autoroute principale A1 relie Milan et le nord du pays à Rome en passant par Bologne et Florence, avant de continuer vers Naples. Toutes rejoignent la GRA (Grande Raccordo Anulare) qui fait le tour de Rome et permet de contourner la ville ou d'y entrer à tout moment.

Mode d'emploi

Gauche **Bus du centre-ville** Centre **Panneaux piétons** Droite **Taxi romain**

TOP 10 Se déplacer

1 Bus et tramways
La compagnie ATAC dessert la majeure partie de la ville. Des plans sont disponibles dans les kiosques et chaque *fermata* (arrêt) affiche l'itinéraire des bus qui s'y arrêtent. Les tickets (1,50 €) sont valables 100 min, changements compris, et doivent être compostés à bord. Ils sont en vente dans les kiosques, les bureaux de tabac et aux principaux arrêts.

2 Métro
Il y a 2 lignes (une troisième est en cours de construction), qui se croisent à Termini et desservent surtout la banlieue. Le réseau traverse rapidement la ville et dessert les principaux sites : Spagna, Colosseo, San Paolo, Ottaviano (Saint-Pierre) et Cipro (musées du Vatican). Mêmes tickets que ceux des bus.

3 À pied
Les rues piétonnes sont nombreuses au centre de Rome, mais sont souvent étroites et encombrées de scooters et de vélos. Prévoyez de bonnes chaussures pour marcher sur les pavés.

4 Taxis
Il y a des stations de taxis aux aéroports, aux gares, sur les grandes places et les principaux sites. Le tarif est de 92 centimes le km (minimum 3 €). Les prix sont majorés pour les bagages, de 22 h à 6 h, le dimanche et pour rejoindre les aéroports.

5 Location de voitures
La circulation est mauvaise et le stationnement aussi difficile que cher. Les agences locales ne proposent pas de tarifs plus intéressants. Vérifiez que votre carte de paiement couvre le vol, car toutes les agences demandent une assurance. Beaucoup de stations-service sont fermées le dimanche, mais ont des pompes automatiques.

6 Code de la route
Les limites de vitesse officielles sont de 30 à 50 km/h en ville, 80 à 110 km/h sur les routes à deux voies et 130 km/h sur autoroute où les files de gauche sont réservées aux dépassements.

7 Stationnement
Peu d'hôtels disposent de parcs de stationnement, mais beaucoup ont des accords avec des garages voisins. Le stationnement est signalé par des lignes blanches (gratuit mais souvent réservé aux résidents) ou bleues (payant à l'heure, achetez un ticket à un horodateur). Les lignes jaunes marquent l'interdiction de stationner. Les parcs de stationnement abordables de la ville sont le parcheggio Borghese (sous la villa Borghese) et le Gianicolo (sous la colline Gianicolo).

8 Bicyclettes et scooters
Il est assez dangereux de circuler en deux roues, mais le dimanche est plus calme et certaines rues sont fermées aux voitures. L'agence de location Roma in Scooter offre des réductions aux possesseurs d'un billet de train. ✪ *Roma in Scooter : via Cavour 80, 06 481 5669, www. scooterhire • Treno e Scooter : piazza dei Cinquecento (sortie de Termini), 06 4890 5823.*

9 Excursions
De Termini, des trains relient les sites éloignés. Certains sites du Latium sont desservis par des trains régionaux, tel Ostia Antica *(p. 36-37)* au départ de la piazza di Porta San Paolo, près du métro Piramide. D'autres, comme Tivoli *(p. 154)*, sont accessibles en bus COTRAL.

10 Cartes routières
Les plus claires sont celles du Touring Club italiano. Les panneaux (verts pour les autoroutes, bleus pour les nationales) indiquent les directions, mais pas toujours les numéros des routes.

Gauche **Vin blanc italien** Droite **Dessert italien**

TOP10 Boire et manger

1 Types de restaurants

Un *ristorante* est un restaurant classique et cher, alors qu'une trattoria est un établissement familial aux prix modérés. Le terme *osteria* désigne un établissement proposant quelques plats ou plateaux de viandes et de fromages, et sert du vin.

2 Repas italiens

Le repas est sacré et peut durer de 2 à 4 heures. Il comprend plusieurs plats et est suivi d'un espresso et d'un *digestivo*, telle la grappa *(p. 77)*. Le petit déjeuner est frugal, composé d'un simple espresso ou cappuccino avec un *cornetto* (croissant). Néanmoins, nombre d'hôtels proposent des buffets.

3 Antipasto

L'entrée est souvent composée, dans les pizzerias, de *bruschetta* (pain grillé frotté d'ail et d'huile d'olive avec des tomates) et/ou de charcuteries comme le *prosciutto* ou le salami ; la plupart des établissements proposent un buffet de légumes.

4 Primo

Les pâtes sont souvent servies en premier : *bucatini all'amatriciana*, *spaghetti alla carbonara*, *gnocchi di patate* et *cacio e Pepe (p. 76)*, ainsi que les soupes *(minestre)*, telles que minestrone (légumes) et *stracciatella* (bouillon de poulet, œuf et parmesan), et le risotto (riz et légumes).

5 Secondo

C'est le plat de résistance. Les viandes : *bistecca* ou *manzo* (bœuf), *vitello* (veau), *agnello/ abbacchio* (agneau), *pollo* (poulet), *maiale* (porc), *cinghiale* (sanglier), *coniglio* (lapin) et *anatra* (canard) sont grillées *(alla griglia)* ou rôties *(arrosto)*. Les poissons : *branzino* (bar), *acciughe* (anchois), *baccalà* (morue), *orata* (brème), *rombo* (turbot), et *sogliola* (sole), peuvent être grillés, au four ou *all'acqua pazza* (mijoté dans du vin blanc et des légumes de saison).

6 Dolce

Les desserts les plus connus sont les *cantucci con vin santo* (biscuits) ou les glaces tel le célèbre *tartufo*. On peut aussi déguster les crèmes au lait *(panna cotta, latte portugese)* ou la crème caramel, ainsi que le tiramisu, composé de couches de mascarpone et de biscuits imbibés d'espresso parfois d'alcool), saupoudré de cacao.

7 Vin

Les repas sont arrosés de vin *(vino)* rouge *(rosso)* ou blanc *(bianco)*, en carafe *(litro)* ou en demi-carafe *(mezzo litro)*. On peut choisir le vin maison *(vino della casa)* ou un cru réputé *(p. 77)*. Les Italiens coupent souvent le vin avec de l'eau gazeuse *(gassata)* ou plate *(non gassata)*.

8 Couvert et pourboire

Il convient de payer le *pane* (pain) de 1 € à 4 € par personne. Si la carte mentionne *servizio incluso*, le service est compris, mais il est d'usage d'arrondir la somme. Sinon, laissez un pourboire de 10 % à 15 %.

9 Au restaurant

Le costume-cravate est rarement obligatoire. Dans les grands restaurants, il est souvent nécessaire de réserver. Les serveurs laissent les dîneurs manger au calme, sans pour autant que le service soit lent.

10 Bars, pizza rustica et tavole calde

La plupart des bars servent cappuccino et *cornetto* le matin, espresso, sandwichs (paninis), pâtisseries et glaces *(gelati)* toute la journée, et des apéritifs *(aperitivi)* en soirée. Une *tavola calda* est un bar-cafétéria avec des plats réchauffés derrière un comptoir. Une *pizza rustica*, ou *pizza al taglio*, vend des parts de pizza dont le prix est fixé à l'*etto* (100 g).

Gauche **Portier** Droite **Jardin d'hôtel**

TOP 10 Se loger

1 Hôtels
Les hôtels sont classés de 1 à 5 étoiles, en fonction des équipements offerts plutôt que du charme et de l'emplacement. À partir de 3 étoiles, toutes les chambres ont une salle de bains, la télévision et le téléphone.

2 Chambres chez l'habitant
L'office de tourisme *(p. 158)* procure une liste de ces hébergements bon marché, qui peuvent être une charmante chambre avec accès semi-privé comme une chambre exiguë dans un appartement moderne. Le contact avec les familles varient.

3 Appartements
Italie Loc'Appart et Casa d'Arno proposent tous types d'appartements en location de 3 nuits à 3 mois. Le magazine de petites annonces *Porta Portese* (bi-hebdomadaire, www.portaportese.it) est également un moyen sûr de trouver un appartement (à la semaine, au mois ou à l'année). ❧ *Italie Loc'Appart : 125, av. Mozart, 75016 Paris, 01 45 27 56 41* • *Casa d'Arno : 28, rue Godefroy-Cavaignac, 75001 Paris, 01 44 64 86 00.*

4 Résidences
Ces appartements avec cuisine et services limités sont très recherchés par les visiteurs qui font un long séjour et par ceux qui ont besoin d'indépendance. Le site officiel de Rome (www.turismoroma.it) en répertorie plusieurs.

5 Camping et caravaning
Rome possède plusieurs campings *(campeggi)* situés à la périphérie de la ville. Une solution qui n'est pas toujours moins chère qu'un hôtel bon marché, car il faut ajouter le prix par personne au prix de l'emplacement. ❧ *Flaminio Village : via Flaminia Nuova 821, 06 333 2604, www.villageflaminio.com* • *Seven Hills : via Cassia 1216, 06 3031 0826, www.sevenhills.it* • *Camping Tiber : via Tiberina km 1400, 06 3361 0733, www.campingtiber.com* • *Roma Camping : via Aurelia 831, 06 662 3018, www.camping.it*

6 Auberges de jeunesse
La plupart des auberges de jeunesse ont des dortoirs non mixtes avec, parfois, un couvre-feu. Comptez environ 18 € la nuit. La principale auberge de jeunesse se trouve sur le Foro italico *(p. 152)*. Vous en trouverez de moins chères, mais privées, sur www.hostels.com et www.europeanhostels.com. ❧ *Ostello del Foro Italico : viale delle Olimpiadi 61, 06 323 6267.*

7 Chambre d'hôte
Cette formule, entre la chambre chez l'habitant et l'hôtel, est récente en Italie. Nombreuses chambres, petit déjeuner, accueil familial et chaleureux : cela ressemble aux anciennes *pensione* (pensions). Renseignements auprès de l'office de tourisme.

8 Réservations
Il est toujours préférable de réserver au moins la première nuit. Les hôtels les plus réputés peuvent afficher complet des mois à l'avance. Vous pouvez aussi vous renseigner auprès de l'office de tourisme.

9 Services de réservation
Les consortiums hôteliers HR de l'aéroport de Fiumicino et de la gare de Termini *(p. 158)* vous aideront gratuitement à trouver un hôtel. Vous pouvez également consulter les services de réservation Internet qui proposent un choix vaste mais assez fluctuant.

10 Suppléments
Pour une chambre avec vue, une salle de bains privée, ou si l'on reste moins de 3 jours. Un lit en plus augmente de 30 à 35 % la note. Le petit déjeuner n'est pas toujours compris. Minibar et téléphone chers. Rome applique une taxe de 5 € par nuit.

➡ *Se loger à Rome* **p. 170-177**

Gauche **Gants en cuir haute couture** Droite **Antiquaire**

10 Comment acheter

1 Horaires
La plupart des boutiques s'alignent sur les horaires de bureaux et ferment pour le *riposo* (p. 158). Toutefois, dans les quartiers touristiques et dans les grands magasins, le *riposo* disparaît peu à peu et fait place à *l'orario continuato* (journée continue).

2 Marchandage
On le pratique rarement dans les boutiques, en revanche, sur les marchés (p. 69), de nombreux commerçants y sont habitués. Le rituel est simple et immuable : moins vous êtes intéressé, plus le vendeur fait baisser son offre. Le prix ainsi obtenu est en général raisonnable. Sachez toutefois que le commerçant n'est jamais perdant.

3 TVA
La TVA *(IVA)* est comprise dans tous les prix affichés. Elle peut être remboursée à partir de 155 € d'achat dans une même boutique si vous n'êtes pas citoyen de l'Union européenne. Procurez-vous auprès du commerçant le formulaire ad hoc à présenter, avec la facture, aux services douaniers quand vous quitterez l'Union européenne. Fait par courrier, le remboursement est assez long. Les boutiques indiquant « *Tax Free Shopping for Tourists* » accélèrent

le processus. Elles vous donnent un chèque qui, une fois visé par les services douaniers, vous sera remboursé au comptoir *Tax Free Shopping* de l'aéroport.

4 Douane
Les ressortissants de l'Union européenne ne sont pas soumis à une limitation de quantité pour les achats effectués à titre personnel en Italie. En revanche, les quantités sont limitées pour les autres : 200 cigarettes, 200 cigarillos, 50 cigares ou 500 g de tabac ; 1 litre de spiritueux ou 2 litres de vin ; 50 cl de parfum. Sachez aussi que l'exportation d'œuvres d'art est sévèrement réglementée.

5 Vin
La nouvelle législation antiterroriste interdit d'emporter à bord de l'avion du vin acheté à l'extérieur de l'aéroport. L'expédition peut être une bonne alternative.

6 Mode et dégriffés
La mode n'est en général pas moins chère, mais on trouve des modèles propres à l'Italie. Les boutiques de dégriffés vendent les collections de l'année précédente, les surplus ou les articles qui ont un léger défaut. Elles offrent un vaste choix de marques à des prix soldés de 40 à 80 %.

7 Art et antiquités
Cœur de l'Empire romain et épicentre de la Renaissance et du baroque, Rome est riche d'antiquités, de peintures ainsi que de sculptures, du Moyen Âge à nos jours. On y trouve aussi un choix de meubles simples et rustiques ou anciens et raffinés.

8 Design
Les Italiens sont les maîtres du design, des Ferrari aux théières signées Alessi. Même si de tels achats n'entrent pas dans votre budget, n'hésitez pas à flâner dans les nombreuses boutiques qui proposent une vaste gamme d'objets élégants et originaux, pour la plupart créés par de grands designers.

9 Objets religieux
Kitsch, solennels ou élégants, les souvenirs religieux abondent sur les étals et boutiques installés près du Vatican, et dans toute la ville. N'oubliez pas votre achat lors de l'audience pontificale du mercredi si vous souhaitez qu'il soit béni.

10 Artisanat
Les célèbres céramiques italiennes peintes à la main peuvent être un souvenir utile et joli. Vous pouvez aussi rapporter un beau bijou, qu'il soit de marque ou fabriqué dans l'une des nombreuses petites boutiques artisanales.

Gauche **Gare de Termini** Droite **Bus n° 64**

TOP 10 À éviter

1 Rome en août
En août, la ville est quasi déserte pour deux raisons : la plupart des Italiens sont en vacances et la chaleur y est insupportable. Si les sites restent ouverts, nombre de boutiques et de restaurants sont fermés. Il est alors difficile de voir le vrai visage de Rome *(p. 158)*.

2 Pickpockets
Rome est infestée de pickpockets, dans les rues comme dans le métro. Néanmoins, c'est près des sites touristiques qu'ils sont le plus redoutables, car ils profitent de l'affluence. Soyez vigilants notamment entre les musées du Vatican et la basilique Saint-Pierre, autour du Forum (surtout la rue à l'arrière du Capitole), et sur la via di Pietra entre le Panthéon et la fontaine de Trevi.

3 Musées du Vatican quand ils sont gratuits
Les musées sont gratuits le dernier dimanche du mois. Ils sont alors malheureusement encore plus bondés et étouffants que d'ordinaire.

4 Restaurants autour du Vatican et du Forum
À de très rares exceptions près, les restaurants racoleurs situés autour de ces deux hauts lieux du tourisme romain sont des adresses de fort mauvaise qualité. On n'y rencontre d'ailleurs jamais d'Italiens.

5 Quartier de Termini le soir
Outre les sans-abri et les vagabonds, le triste quartier qui entoure la gare de Termini abrite de nombreux hôtels bon marché. Cet endroit est peu séduisant et les rues situées au sud sont généralement plus sombres et dangereuses que celles au nord.

6 Bus n° 64
Surnommé le « Pickpocket Express », ce bus qui relie la gare de Termini à la basilique Saint-Pierre jouit depuis longtemps d'une mauvaise réputation. Il a désormais un concurrent, le n° 40, un bus express qui emprunte le même trajet. Restez vigilant et ne perdez pas de vue sacs et portefeuilles.

7 Ceintures « banane »
Cet accessoire n'est pas aussi pratique qu'on pourrait le croire. Rien ne ravit plus les pickpockets que ces petits sacs où l'on place tous nos objets de valeur hors de notre vue et à la hauteur la plus adaptée pour des mains expertes. Autant donner directement le contenu aux voleurs.

8 Conduire à Rome
À Rome, rien n'est plus superflu qu'une voiture. De nombreux sites sont sur des rues piétonnes inaccessibles en voiture et, près des autres, les places de stationnement sont une denrée rare. En outre, le stationnement est limité et à un prix exorbitant, sans compter que la conduite à l'italienne ne nous est pas toujours familière *(p. 161)*. Louez une voiture la veille de votre départ et servez-vous en alors uniquement pour quitter la ville.

9 Piazza Navona et Panthéon le week-end
Évitez de visiter ces deux quartiers voisins le week-end, car ils sont pris d'assaut par les visiteurs et les Romains. Si vous souhaitez prendre un café, éloignez-vous de quelques rues, les prix sont moins prohibitifs.

10 Les catacombes le week-end
Depuis que la via Appia Antica *(p. 151)*, principale voie d'accès aux catacombes, est fermée à la circulation automobile le dimanche, le lieu est littéralement envahi le samedi par les bus touristiques des voyages organisés. Mieux vaut choisir un jour de semaine pour éviter la foule.

Gauche **Vendeur de marrons** Droite **Marché romain**

TOP10 Rome bon marché

1 Le Vatican gratuit
Les musées du Vatican (p. 8-9) sont gratuits le dernier dimanche du mois. Ils sont alors bondés (p. 165). Néanmoins, c'est une excellente occasion pour revenir visiter les musées et les collections les moins prisés.

2 Visites gratuites
De nombreux vestiges antiques sont gratuits, tout comme les églises qui recèlent certains des plus beaux trésors artistiques et architecturaux de la ville, même si quelques cryptes, fouilles et trésors sont payants. Les places romaines offrent un superbe divertisssement gratuit, sauf si vous prenez un cappuccino.

3 Visites à prix réduit
Comme les sites et les musées sont tant privés que publics, les prix peuvent être très différents. Les musées nationaux sont gratuits pour les Européens de moins de 18 ans et de plus de 65 ans. Le Roma Pass, à 25 €, est valable 3 jours et inclut les transports en commun. Un billet à 23 €, valable 7 jours, vous ouvre les portes de sites comme le Colisée, le Palatin, la via Appia Antica et les musées du Museo nazionale.

4 Trains à prix réduit
Les moins de 26 ans et les plus de 60 ans peuvent acheter dans les gares, pour environ 40 €, une carta verde ou une carta argento, qui donne 10 % de réduction sur tout billet de train.

5 Se loger
Plus on se rapproche du centre-ville et plus les hôtels sont chers. En choisissant un hôtel 1 ou 2 étoiles, ou en prenant une salle de bains commune, vous économiserez sans pour autant vous éloigner du centre, ni opter pour l'un des hôtels bon marché du quartier de Termini (p. 165). N'hésitez pas à refuser la formule avec petit déjeuner compris, on trouve l'équivalent au café du coin pour bien moins cher. En outre, évitez d'utiliser le téléphone ou le minibar de votre chambre, car ils sont hors de prix.

6 Restaurants bon marché
On mange aussi bien dans une trattoria ou une osteria que dans un ristorante. Les entrées (antipasti) sont moins copieuses mais presque aussi chères que les plats ; le vin de la maison est moins coûteux que celui en bouteille ; l'eau du robinet (acqua dal rubinetto) est gratuite. Tavole calde et bars proposent des plats bon marché pour manger sur le pouce (p. 162).

7 Pique-niques
Pour vous préparer un pique-nique et manger où bon vous semble, les magasins ne manquent pas. Faites donc le tour des épiceries (alimentari), des marchands de fruits et légumes (fruttivendolo), des boulangeries et pâtisseries (panetteria et pasticceria) et des marchands de vins (vini e olii, enoteca ou fiaschetteria).

8 Payer en espèces
Cela permet souvent d'avoir une réduction dans certains petits hôtels et magasins qui déduisent la commission des cartes bancaires. Assurez-vous d'avoir un reçu.

9 Voyager hors saison
Comme la basse saison est comprise entre fin octobre et Pâques, hôtels et compagnies aériennes baissent leurs prix. En outre, les sites et musées sont alors moins bondés (p. 158).

10 Achetez malin
Les articles de mode italiens ne sont pas toujours moins chers en Italie. Aussi, qu'il s'agisse de mode, d'artisanat ou de souvenirs, privilégiez les artisans. Vous pourrez aussi trouver des prix intéressants dans les nombreux marchés de la ville. Les voyageurs suisses et canadiens peuvent se faire rembourser la TVA en groupant leurs achats (p. 164).

Gauche **Accès handicapés** Droite **Étudiants**

10 Informations spécifiques

1 Voyageurs handicapés

Rome n'est pas toujours d'un accès facile pour les handicapés, car de nombreux édifices y sont très anciens et il n'est pas toujours possible de les adapter tout en les préservant. La majorité des musées et des hôtels ont fait le nécessaire pour s'accorder au mieux. De même, on peut accéder à plusieurs stations de métro en fauteuil roulant, mais pas Colosseo. Dès qu'il fait beau, les restaurants ont l'avantage d'avoir des terrasses, mais les toilettes restent très souvent inaccessibles.

2 Organismes pour les handicapés

En France, vous pouvez contacter l'Association des paralysés de France (APF) ou le Groupement des personnes handicapées physiques (GIPH). À Rome, adressez-vous à Roma per Tutti ou consultez le site Internet. ✆ *APF : 01 44 16 83 83, www.apf.asso.fr • GIPH : 01 43 95 66 36 • Roma per Tutti : 06 5717 7094, www.romapertutti.it*

3 Plus de 65 ans

Les aînés sont traités avec beaucoup de respect en Italie. L'accès aux musées est gratuit pour les Européens de plus de 65 ans, qui disposent en outre de réductions sur certains autres sites et sur les billets de train.

4 Femmes

Les Italiens restent des séducteurs invétérés et les femmes sont l'objet de toutes leurs attentions, ce qui n'est pas sans inconvénients. Regards soutenus, compliments et même gestes déplacés dans les transports restent monnaie courante. Aussi, ne vous laissez pas faire.

5 Associations féminines

Il existe peu d'organismes et d'associations féminines officielles. Cependant, la Libreria delle Donne est à la fois une librairie et un centre de conseils reconnu et efficace. ✆ *Libreria delle Donne : via dei Fienaroli 31, plan K6 • 06 581 7724.*

6 Étudiants

Rome est une grande ville universitaire qui accueille de très nombreux étudiants étrangers. Un billet *studente* permet de bénéficier de réductions sur les sites. Les étudiants se retrouvent dans les bars du Trastevere *(p. 146)* et du Campo de' Fiori *(p. 106)*, dans les clubs du Testaccio *(p. 124)*, mais aussi autour de la fontaine de Trevi et de la piazza di Spagna *(p. 108-111)* le soir venu.

7 Cartes d'étudiants

Toutes les cartes peuvent être utiles, mais seule l'ISIC *(International Student Identity Card)* est largement reconnue.

8 Familles

Les familles sont accueillies très chaleureusement à Rome. La plupart des hôtels ajoutent un lit d'enfant moyennnant un supplément de 30 à 35 %, et les restaurants proposent souvent des *mezza portione* avec 50 à 75 % de réduction.

9 Gays et lesbiennes

L'homosexualité est légale en Italie et largement acceptée dans une ville telle que Rome, qui a d'ailleurs accueilli la Gay Pride mondiale en 2000.

10 Associations gays et lesbiennes

Les associations nationales ARCI-Gay et ARCI-Lesbica ont des bureaux à Rome. Les groupes romains Mario Mieli et Di'gay Project sont toutefois les plus importants. Vous pouvez aussi consulter les sites www.gay.it et www.mariomieli.org. ✆ *ARCI-Gay : via Nicola Zabaglia 14, 06 6450 1102, www.arcigayroma.it • ARCI-Lesbica : via Stefanini 15, 06 418 0211, www.arcilesbica.it • Project : via Costantino 82, 06 513 4741, www.digayproject.com • Mario Mieli : via Efeso 2A, 06 541 3985.*

Gauche **Distributeur de billets** Centre **Téléphone public** Droite **Banque**

🔟 Banques et communications

1 Distributeurs de billets
Plus pratiques, plus rapides et moins chers, les distributeurs (*bancomat*) permettent de retirer de l'argent directement. Autres avantages : il n'y a pas d'attente ni de contrainte horaire, il n'est nul besoin de présenter ses papiers et le taux est souvent meilleur.

2 Cartes de paiement
Les cartes Visa et Eurocard/Mastercard sont acceptées presque partout, sauf dans les petits établissements. Beaucoup d'endroits prennent la carte American Express, mais seuls les plus haut de gamme acceptent en général la carte Diner's Club. Toutes les cartes permettent de retirer de l'argent à un *bancomat*, mais la commission est alors à votre charge.

3 Chèques de voyage
Les chèques de voyage sont le moyen le plus sûr de transporter de l'argent car ils sont rapidement remplacés en cas de perte si vous avez noté leurs numéros. Il est toujours bon d'en avoir quelques-uns, libellés de préférence en euros ou en dollars. Les chèques bancaires ne sont pas acceptés, mais vous pouvez les échanger dans les bureaux American Express si vous êtes détenteur de la carte.

4 Devise
Depuis janvier 2002, l'Italie a abandonné la lire pour l'euro. On trouve des pièces de 1, 2, 5, 10, 20 et 50 centimes d'euro, de 1 € et 2 €, et des billets de 5 €, 10 €, 20 €, 50 €, 100 €, 200 € et 500 €.

5 Change
Pour toute opération de change, adressez-vous de préférence à une banque ou au bureau de l'American Express, car vous y trouverez les meilleurs taux et les commissions les moins élevées. Évitez si possible les bureaux de change (*cambio*), ainsi que de payer avec un chèque de voyage ou de le changer dans une boutique ou un hôtel.

6 Téléphones publics
La plupart des téléphones publics n'acceptent que les cartes prépayées (*scheda telephonica*), en vente dans les bureaux de tabac (*tabacchi*) et dans les kiosques.

7 Appels internationaux
On trouve des cabines pour l'international dans les gares, et plusieurs types de *carta telefonica internazionale* prépayées. Le plus simple et le moins cher est d'utiliser les cartes proposées par votre opérateur national, vos appels vous étant directement facturés. Pour les appels en PCV, composez le 170. Pour appeler l'Italie, composez le préfixe international (00 pour la France, la Belgique et la Suisse, 011 pour le Canada), suivi du 39 (Italie), de l'indicatif de la ville, puis du numéro avec le 0 initial.

8 Accès Internet
Si vous possédez un ordinateur portable, vous pouvez vous rendre dans un café doté d'une connexion Wi-Fi. D'autre part, l'office de tourisme vous renseignera sur les adresses des cybercafés.

9 Poste
La poste italienne peut parfois être lente, mais votre courrier sera acheminé en 3 jours si vous achetez un timbre *Posta prioritaria*. Inutile d'aller à la poste (*ufficio postale*) pour les timbres (*francobolli*), vendus dans les kiosques et bureaux de tabac. Glissez votre courrier dans les boîtes aux lettres (rouges) sous « *per tutte le altre destinazioni* ».

10 Recevoir du courrier
Faites-vous adresser votre courrier en poste restante : [Nom]/ Fermo Posta/ Piazza San Silvestro 19/ 00187 Roma, Italia. Vous le retirerez piazza San Silvestro moyennant une faible somme.

Gauche **Enseigne de pharmacie** Centre **Commissariat** Droite **Ambulance**

Santé et sécurité

Urgences
Composez le 113 pour les urgences médicales, le 112 pour la police, le 118 pour une ambulance, le 115 pour les pompiers et le 803 116 (payant) pour une panne de voiture.

Sécurité
L'Italie est un pays sûr. Excepté les pickpockets (voir ci-dessous et p.165), vous n'avez pas grand-chose à craindre. Seules les femmes (notamment les jeunes femmes étrangères) peuvent être dérangées, surtout le soir. Si vous prenez le volant, soyez très prudent : les Italiens conduisent plutôt vite et parfois avec agressivité.

Pickpockets
Les pickpockets opèrent essentiellement dans la foule, privilégiant les endroits touristiques, les transports en commun, notamment le bus n° 64 (p. 165) et les environs des gares. Gardez votre passeport, vos cartes de paiement et vos billets d'avion bien à l'abri sous vos vêtements (accrochés à la taille ou autour du cou) et évitez de prendre (et de montrer) trop d'argent.

Mendicité
Faites attention aux femmes qui portent de jeunes enfants dans leurs bras et mendient avec insistance. Méfiez-vous particulièrement des groupes de jeunes enfants, bien entraînés, très lestes et utilisant parfois la force. Brandissant des pancartes griffonnées, ils se pressent autour de vous et, tandis que vous essayez de vous dégager, les pickpockets sont déjà à l'œuvre.

Arnaque
L'arnaque n'est pas une légende et concerne beaucoup les voyageurs, aussi soyez vigilant. Certains chauffeurs de taxis n'hésitent pas à ne pas brancher leur compteur ou à ne pas appliquer le tarif correct ; certains restaurateurs sans scrupules facturent plus que vous n'avez consommé ou augmentent le montant de la carte de paiement.

Police
Il y a deux forces de police auxquelles vous pouvez avoir recours : la *polizia*, la police nationale, et les *carabinieri*, la gendarmerie. La *questura* est le commissariat de police.

Frais médicaux et assurances
Les ressortissants de l'UE doivent se munir de la carte européenne d'Assurance maladie. Les autres doivent prévoir une assurance personnelle qui couvre l'Italie. Généralement, les frais d'hospitalisation sont acquittés sur place et remboursés à votre retour.

Hôpitaux
Les hôpitaux (*ospedale*) sont semi-privés et très performants. *Pronto soccorso* désigne les urgences. Lors d'une consultation non suivie d'une admission, on vous fera un bilan complet et on pourra vous donner une ordonnance. Pas de formalités administratives.

Pharmacies
Les pharmacies (*farmacie*) sont très bien équipées et tout à fait compétentes pour dispenser les premiers soins. La nuit, le dimanche et les jours fériés, toutes affichent une liste indiquant les pharmacies de garde les plus proches. Celles situées piazza Barberini 49, via Arenula 73 et au carrefour entre la via Cavour et la piazza dei Cinquecento (Termini) sont ouvertes 24h/24.

Hygiène alimentaire
L'eau est potable partout, sauf dans les trains ou indication contraire (*acqua non potabile*). Il n'existe pas de dangers alimentaires particuliers. Les intoxications dues aux fruits de mer sont les mêmes qu'ailleurs.

Gauche **Majestic** Droite **Regina Baglioni**

₁₀ Hôtels de luxe

1 Eden
C'est l'un des hôtels les plus célèbres et raffinés de Rome. Sa décoration est très élégante et, sur le toit, son superbe restaurant-bar sert une cuisine inventive dans un cadre inoubliable pour sa vue sur la ville. 🕙 *Via Ludovisi 49* • *plan E2* • *06 478 121* • *www.edenroma.com* • *AH* • *€€€€€.*

2 Hassler
Atmosphère raffinée au Hassler, l'un des derniers très grands hôtels indépendants, avec ses somptueux salons aux tons mief. Ses suites luxueuses et son célèbre restaurant sur le toit-terrasse offrent une vue magnifique sur Rome. 🕙 *Piazza Trinità dei Monti 6* • *plan D2* • *06 699 340* • *www.hotelhasslerroma.com* • *AH* • *€€€€€.*

3 Hotel de Russie
Très apprécié par Picasso, cet hôtel historique garde une élégance discrète. Il abrite des cafés en terrasse, un bar renommé, un restaurant, une salle de remise en forme et un jardin secret donnant sur le Pincio. Les chambres sont spacieuses et élégantes. 🕙 *Via del Babuino 9* • *plan D2* • *06 328 881* • *www.roccofortehotels. com* • *AH* • *€€€€€.*

4 St. Regis Grand
Créé par César Ritz en 1894, il perpétue la grande tradition initiée par le maître de l'hôtellerie de luxe et a retrouvé son faste d'antan. Il abrite le très grand restaurant Vivendo, un centre d'affaires et un centre de remise en forme. 🕙 *Via V. E. Orlando 3* • *plan E3* • *06 47 091* • *www.stregis.com/grand rome* • *AH* • *€€€€€.*

5 Majestic
Fondé en 1889, c'est le plus ancien hôtel de la via Veneto. Tout y est luxe et volupté, des meubles et objets aux Jacuzzi de certaines chambres. 🕙 *Via Veneto 50* • *plan E2* • *06 421 441* • *www.hotelmajestic.com* • *AH* • *€€€€€.*

6 Regina Baglioni
Cet hôtel à la décoration exubérante et raffinée est un vrai palais où se mêlent tentures de soie, tapis orientaux, tableaux, sols de marbre et objets anciens. Les suites du septième étage offrent une vue magnifique. 🕙 *Via Veneto 72* • *plan E2* • *06 421 111* • *www.baglionihotels.com* • *AH* • *€€€€€.*

7 InterContinental De la Ville
Rehaussé de marbre, d'objets d'art et de lustres vénitiens, c'est l'un des hôtels les plus charmants de Rome. Chaque chambre est différente, et son emplacement est exceptionnel, en haut de l'escalier de Trinità dei Monti. 🕙 *Via Sistina 69* • *plan D2* • *0800 181 7341* • *www. ichotelgroup.com* • *AH* • *€€€€€.*

8 Grand Hotel Flora
Cet hôtel allie la modernité du groupe Marriott à l'élégance propre à la via Veneto. Ses tons doux sont rehaussés de marbre et d'objets anciens. Il dispose d'un restaurant situé dans un jardin sur le toit et d'un piano-bar. 🕙 *Via Veneto 191* • *plan E2* • *06 489 929* • *www. hotelfloraroma.com* • *AH* • *€€€€€.*

9 Giulio Cesare
Cette ancienne villa ne peut cacher ses origines aristocratiques. Les salons sont ornés de lustres, de tableaux, d'objets anciens, de tapis orientaux et d'un piano à queue. Les couloirs bordés de miroirs conduisent à des chambres élégantes. 🕙 *Via degli Scipioni 287* • *plan B2* • *06 321 0751* • *www.hotelgiuliocesare. com* • *€€€€€.*

10 Atlante Star
Un service impeccable et de nombreux atouts (Jacuzzi, navette gratuite pour l'aéroport, etc.). Le restaurant sur la toit est célèbre pour sa cuisine comme pour sa vue. 🕙 *Via Vitelleschi 34* • *plan B2* • *06 68638* • *www.atlantehotels.com* • *€€€€€.*

 Remarque : *sauf indication contraire, les hôtels acceptent les cartes de paiement ; les chambres ont une salle de bains et sont climatisées.*

Ci-dessus **Suite, Raphael**

Catégories de prix

Prix par nuit pour une
chambre double avec
petit déjeuner (s'il
est inclus), taxes et
service compris.

€ moins de 100 €
€€ de 100 à 150 €
€€€ de 150 à 250 €
€€€€ de 250 à 350 €
€€€€€ plus de 350 €

🔟 Hôtels romantiques

1 Westin Excelsior

L'hôtel le plus extravagant de Rome est réputé pour son architecture Belle Époque et son emplacement exceptionnel. Somptueusement décoré, il abrite, entre autres, d'excellents restaurants. 🔊 *Via Veneto 125* • *plan E2* • *06 470 81* • *www.starwoodhotels.com* • *AH* • *€€€€€.*

2 Lord Byron

Ce petit hôtel raffiné est un ancien monastère où l'ascétisme a fait place au charme et à l'élégance. D'un grand éclectisme, sa décoration est aussi d'une élégance raffinée. De plus, il bénéficie d'un emplacement serein, parfait antidote à l'agitation du centre-ville. 🔊 *Via G. de Notaris 5* • *plan B2* • *06 322 0404* • *www.lordbyronhotel.com* • *€€€€€.*

3 Raphael

Idéalement situé non loin de la piazza Navona, c'est l'un des hôtels les plus séduisants de Rome et sa façade couverte de lierre lui donne beaucoup de charme. Son grand hall abrite un nombre invraisemblable d'œuvres d'art, anciennes ou modernes, et la plupart des chambres sont d'une rare élégance avec leurs parquets et panneaux de marbre. 🔊 *Largo Febo 2* • *plan L3* • *06 682 831* • *www.raphaelhotel.com* • *€€€€€.*

4 Cæsar House Residenza Romane

Petit hôtel de charme avec vue sur le Forum. L'atmosphère évoque les appartements de patriciens avec ses meubles anciens. Bains turcs et service de massage à la demande. 🔊 *Via Cavour 310* • *plan R4* • *06 679 2674* • *www. www.caesarhouse.com* • *AH* • *€€€.*

5 Farnese

La demeure et son mobilier datent de la Belle Époque. L'ensemble est rehaussé de magnifiques fresques en trompe l'œil et d'un jardin sur le toit. Dotées de hauts plafonds et de belles salles de bains modernes, les chambres sont décorées de tissus somptueux. 🔊 *Via Alessandro Farnese 30* • *plan C1* • *06 321 2553* • *www.hotelfarnese. com* • *€€€€.*

6 Grand Hotel del Gianicolo

Situé sur la colline qui surplombe le Trastevere, cet ancien couvent possède de nombreux atouts, dont de charmants jardins avec une piscine, et des jardins sur le toit. Les salons sont décorés de verres vénitiens, et l'endroit est calme et serein. 🔊 *Viale delle Mura Gianicolensi 107* • *plan B4* • *06 5833 5522* • *www. grandhotelgianicolo.it* • *AH* • *€€€€.*

7 Hotel Piranesi

Cet hôtel à l'ambiance romantique est tenu par une charmante famille. Les chambres sont joliment tapissées de brocart. Belle vue depuis la terrasse. 🔊 *Via del Babuino 196* • *plan D2* • *06 328 041* • *www.hotelpiranesi.com* • *€€€€.*

8 Portrait Suites

Demeure italienne classique pour les couples. Suites élégantes et romantiques meublées par des *designers.* 🔊 *Via Emilia 22-24* • *plan E2* • *06 488 0789* • *www. lungarnocollection.com* • *€€€.*

9 Crossing Condotti

Cette résidence privée offre le confort d'une superbe maison en ville, avec kitchenette incluse. Les chambres sont décorées avec la collection d'œuvres d'art du propriétaire. 🔊 *Via Bocca di Leone 23* • *plan D2* • *06 6938 0742* • *www.crossingcondotti. com* • *€€€.*

10 San Anselmo et Villa San Pio

Nichés sur une colline, ces deux établissements sont spacieux et agréables. Décor rococo avec tapisseries et chandeliers, et jolis jardins. 🔊 *Piazza di Sant'Anselmo 2, via di Santa Melania* • *plan D5* • *06 570 057* • *www.aventinohotels.com* • *€€€€.*

Gauche **Pantheon** Droite **Chambre, Pantheon**

ᴛᴏᴘ10 Hôtels de style et confortables

Pantheon
Ce petit hôtel raffiné est à deux pas du célèbre Panthéon *(p. 14-15)*. Les salons sont décorés de vitraux, de mosaïques, de poutres et d'un lustre en cristal majestueux. Chaque porte de chambre est ornée d'une gravure ancienne de l'un des obélisques de Rome, et les chambres sont garnies de bouquets. ◈ *Via dei Pastini 131 • plan M3 • 06 678 7746 • www.hotelpantheon.com • AH • €€€€*.

Dei Borgognoni
Tout proche du centre historique, cet hôtel pourtant très moderne semble quelque peu hors du temps. Un éclairage tamisé lui donne un certain cachet, et le jardin silencieux est des plus agréables. Quelques chambres bénéficient d'un patio privé. ◈ *Via del Bufalo 126 • plan P1 • 06 6994 1505 • www.hotel borgognoni.it • AH • €€€€*.

Condotti
Au cœur du quartier de la mode *(p. 111)*, l'hôtel est confortable et décoré de meubles de style. Les chambres sont insonorisées, beaucoup possèdent une vue sur les toits et l'une d'entre elles dispose d'une terrasse. ◈ *Via Mario de' Fiori 37 • plan N1 • 06 679 4661 • www. hotelcondotti.com • €€€€*.

Cesàri
Célèbre depuis le xıxᵉ s. – Stendhal y a séjourné –, ce petit bijou n'a que peu changé de l'extérieur. L'intérieur a toutefois été modernisé, mais est rehaussé d'objets d'art et de gravures anciennes. Toutes les salles de bains sont en marbre bleu. ◈ *Via di Pietra 89A • plan N2 • 06 674 9701 • www. albergocesari.it • €€€€*.

Fori Imperiali Cavalieri
Fort bien situé, à deux pas des sites antiques du centre, cet hôtel ancien et joliment décoré est un havre de tranquillité. Il a été restauré et toutes les chambres sont équipées d'un accès Internet. ◈ *Via Frangipane 34 • plan Q5 • 06 679 6246 • www. hotelforiimperiali.com • AH • €€€*.

Tritone
Cet hôtel est tout proche de la fontaine de Trevi et de nombreuses autres sites. Le double vitrage garantit une grande tranquillité. Servi sur le toit-terrasse, le petit déjeuner est un buffet absolument divin. ◈ *Via del Tritone 210 • plan P1 • 06 6992 2575 • www.tritonehotel.com • €€€*.

Teatropace 33
Dans une rue tranquille, à 5 minutes de la piazza Navona, cet hôtel occupe l'ancien palais d'un cardinal. Chaque chambre a sa propre décoration. Pas d'ascenseur. ◈ *Via del Teatro Pace 33 • plan L2 • 06 687 9075 • www.hotelteatro pace.com • €€€€*.

Santa Chiara
Installé dans trois édifices anciens et dirigé par la même famille depuis 200 ans, cet hôtel est situé derrière le Panthéon. Il propose des chambres spacieuses et élégantes, avec salles de bains de travertin. ◈ *Via Santa Chiara 21 • plan M3 • 06 687 2979 • www.albergosantachiara. com • €€€€*.

Hotel Santa Maria
Planté d'orangers, le charmant jardin de ce cloître du xvıᵉ siècle offre un havre de paix au cœur du quartier animé du Trastevere. Dix-huit chambres et suites modernes pouvant accueillir jusqu'à 6 personnes l'entourent au rez-de-chaussée. ◈ *Vicolo del Piede 2 • plan K6 • 06 589 4626 • www.htlsanta-maria.com • DA • €€€*.

Hôtel des Artistes
Hôtel moderne et confortable, c'est le meilleur choix dans les environs de la gare de Termini. Les tableaux et les salles de bains de marbre lui donnent de l'élégance. Accès Internet. ◈ *Via Villafranca 20 • plan F3 • 06 445 4365 • www.hoteldes artistes.com • €€*.

Remarque : sauf indication contraire, les hôtels acceptent les cartes de paiement ; les chambres ont une salle de bains et sont climatisées.

Catégories de prix

Prix par nuit pour une chambre double avec petit déjeuner (s'il est inclus), taxes et service compris.	€ moins de 100 €
	€€ de 100 à 150 €
	€€€ de 150 à 250 €
	€€€€ de 250 à 350 €
	€€€€€ plus de 350 €

Ci-dessus **Sole al Pantheon**

🏆10 Hôtels avec vue

Sole al Pantheon

Auberge réputée depuis 1467, cet hôtel élégant en face du Panthéon était très apprécié de l'Arioste. Les chambres sont équipées de Jacuzzi et de doubles vitrages ; beaucoup ont conservé leurs peintures d'origine. ✪ *Piazza della Rotonda 63 • plan M3 • 06 678 0441 • www.hotelsoleal pantheon.com • €€€€*.

Victoria

Situé tout proche de ses prestigieux voisins (p. 170), cet hôtel n'est pas sans charme. C'est, en outre, un choix plus accessible pour ceux qui souhaitent séjourner près de l'élégante via Veneto. Sur la terrasse, un bar offre une vue splendide sur le mur d'Aurélien et la villa Borghese. Le service est excellent. ✪ *Via Campania 41 • plan E2 • 06 423 701 • www.hotel victoriaroma.com • AH • €€€€*.

Scalinata di Spagna

Situé dans une villa du XVIIIᵉ s. en haut de l'escalier de Trinità dei Monti, c'est un petit bijou. Certaines chambres et la terrasse treillissée offrent une vue splendide. Les chambres sont petites mais bien équipées. Réservez longtemps à l'avance. ✪ *Piazza Trinità dei Monti 17 • plan D2 • 06 679 3006 • www.hotelscalinata.com • AH • €€€€*.

Domus Aventina

Cet hôtel paisible est situé dans un ancien couvent du XIVᵉ s. dont la façade date du XVIIᵉ s. Les chambres sont spacieuses, et sa charmante décoration lui confère une certaine élégance. Des balcons et de la terrasse, les vues sont superbes. ✪ *Via di Santa Prisca 11B • plan D5 • 06 574 6135 • www.hoteldomus aventina.com • €€€*.

Teatro di Pompeo

Prenez votre petit déjeuner sous les arcades du premier théâtre de Rome construit par Pompée en 55 av. J.-C. Les chambres ont des poutres au plafond et sont joliment meublées. Certaines ont une belle vue. ✪ *Largo del Pallaro 8 • plan N6 • 06 683 00170 • www.hotelteatro dipompeo.it • €€€*.

Sofitel Villa Borghese

Cet hôtel de la chaîne Sofitel possède un intérieur moderne dans un immeuble au parement néo-Renaissance. La terrasse du toit offre une superbe vue sur le parc. ✪ *Via Lombardia 47 • plan E2 • 06 478 021 • www.sofitel.com • €€€€*.

Homs

Sur une rue commerçante calme, cet hôtel n'est pas très original, mais bénéficie de deux terrasses sur le toit, dont l'une est enclose (on y sert le petit déjeuner toute l'année) et offre un beau panorama. ✪ *Via della Vite 71-72 • 06 679 2976 • www.hotelhoms.it • plan D2 • €€€€*.

Inn at the Spanish Steps

Cet édifice du XVIIᵉ s. où séjourna Hans Christian Andersen propose un service haut de gamme. Vue unique sur les marches de la piazza di Spagna depuis le magnifique jardin sur le toit. ✪ *Via dei Condotti 85 • plan D2 • 06 699 25657 • www.atspanishsteps. com • €€€€*.

Torre Colonna

Aménagé dans une tour médiévale, cet hôtel domine le Forum, à proximité des marchés de Trajan. Les chambres, toutes différentes, disposent d'un Jacuzzi, et l'une d'elle surplombe le Forum sur la terrasse. ✪ *Via della Tre Cannelle 18 • plan P4 • 06 8360 0192 • www.torrecolonna.it • €€€€*.

Abruzzi

Cet hôtel un peu démodé est en face du Panthéon, ce qui n'est pas négligeable. Les chambres sont grandes et propres, avec un lavabo. Certaines ont une vue fascinante sur ce superbe monument. ✪ *Piazza della Rotonda 69 • plan M3 • 06 96784 1351 • www.hotelabruzzi.it • PC • €€€*.

Ci-dessus **Cavalieri Hilton**

░10 Hôtels d'affaires

Bascolo Exedra
Situé dans un magnifique palais donnant sur la fontaine des Naïades (*p. 47*), cet hôtel 5 étoiles offre un service et une qualité irréprochables. L'éclairage tamisé, les couleurs chaudes et les fleurs fraîches évoquent l'élégance néoclassique, et la superbe terrasse sur le toit est idéale pour un déjeuner d'affaires. 🕲 *Via Piazza della Repubblica 47 • plan E3 • 06 4893 8012 • www.exedra-roma. boscolohotels.com • €€€€.*

Parco dei Principi
À l'angle de la villa Borghese, ce grand hôtel moderne à l'atmosphère italienne raffinée possède des patios et des salons, une piscine et un centre d'affaire bien équipé. Toutes les chambres jouissent d'un panorama spectaculaire sur le parc ou sur la villa. 🕲 *Via G. Frescobaldi 5 • plan E2 • 06 854 421 • www.parco deiprincipi.com • €€€€.*

Grand Hotel Plaza
Ouvert en 1860, c'est l'un des plus anciens hôtels de Rome. De style 1900, les salons sont agrémentés de verrières colorées, et la décoration luxueuse mêle objets anciens et confort moderne. Sur le toit, les terrasses offrent une vue étonnante. 🕲 *Via del Corso 126 • plan D2 • 06 6992 1111 • www. grandhotelpla-za.com • €€€€€.*

Cavalieri Hilton
Perché sur une colline de l'autre côté du Tibre, cet hôtel hors du centre abrite deux restaurants, quatre bars, deux piscines, un salon de beauté, un centre de remise en forme, des courts de tennis et un parc. C'est l'endroit idéal pour travailler sereinement. 🕲 *Via Cadlolo 101 • plan B1 • 06 350 91 • www. romecavalieri.it • AH • €€€€€.*

Mecenate Palace
Donnant sur Santa Maria Maggiore (*p. 127*), cet hôtel confortable porte le nom de Mécène, protecteur des arts et ami d'Auguste. Le café-terrasse est idéal pour de petites réunions, et la salle de conférences peut accueillir 40 personnes. 🕲 *Via Carlo Alberto 3 • plan F3 • 06 4470 2024 • www.mecenatepalace. com • AH • €€€€.*

Nazionale a Montecitorio
Depuis longtemps, les politiciens apprécient ce majestueux palais du XVIe s. situé à côté du Parlement. Le pavement de marbre du restaurant est splendide. 🕲 *Piazza Montecitorio 131 • plan M1 • 06 695 001 • www.hotelnazionale.it • AH • €€€€€.*

Bernini Bristol
Face à la fontaine du Triton du Bernin (*p. 47*), cet hôtel de brique n'a rien de remarquable. Il est cependant confortable et très bien équipé. Les chambres du dernier étage ont une belle vue, et il dispose d'un jardin sur le toit. 🕲 *Piazza Barberini 23 • plan Q1 • 06 488 931 • www. berninibristol.com • AH • €€€€€.*

Dei Consoli
Cet hôtel élégant est particulièrement bien équipé (accès Internet, salles de réunion, massages, etc.). 🕲 *Via Varrone 2D • plan B2 • 06 6889 2972 • www. hoteldeiconsoli.com • AH • €€€.*

Forum
Cet ancien couvent dispose d'un restaurant sur le toit avec vue sur les forums impériaux. Les salles de bains sont jolies et la décoration chaleureuse. Une salle de réunion très bien équipée peut accueillir 80 personnes. 🕲 *Via Tor de' Conti 25-30 • plan P4 • 06 679 2446 • www.hotelforumrome. com • PC • €€€€.*

Radisson SAS Hotel
Les équipements de conférence de cet établissement sont à la pointe de la technologie. 🕲 *Via Filippo Turati 171 • plan F3 • 06 444 841 • www.rome.radissonsas. com • AH • €€€€.*

➜ **Remarque** : sauf indication contraire, les hôtels acceptent les cartes de paiement ; les chambres ont une salle de bains et sont climatisées.

Ci-dessus **Toit-terrasse, Campo de' Fiori**

Catégories de prix

Prix par nuit pour une chambre double avec petit déjeuner (s'il est inclus), taxes et service compris.	€ moins de 100 €
	€€ de 100 à 150 €
	€€€ de 150 à 250 €
	€€€€ de 250 à 350 €
	€€€€€ plus de 350 €

Hôtels de charme

Sant'Anna
Ce petit hôtel élégant et tranquille est situé dans le quartier médiéval du Borgo, près de Saint-Pierre. La cour abrite une fontaine, et la salle du petit déjeuner est ornée de fresques. Les chambres sont grandes et celles du dernier étage possèdent une petite terrasse. ⊗ *Borgo Pio 134 • plan B3 • 06 6880 1602 • www.hotel santanna.com • €€€.*

San Carlo
L'hôtel se trouve dans une rue assez calme près de la piazza di Spagna. La décoration est d'inspiration classique ; les chambres sont claires et fonctionnelles, certaines avec terrasse et vue sur les toits. Le petit déjeuner est servi dans le jardin situé au dernier étage. ⊗ *Via delle Carrozze 93 • plan D2 • 06 678 4548 • www.hotelsancarloroma. com • €€€.*

Alimandi
Proche du Vatican, l'hôtel se situe dans une rue commerçante et paisible, bien desservie par les transports en commun. Le hall est agréable, les chambres grandes, le personnel compétent. Le jardin sur le toit et les terrasses offrent une belle vue. Navette gratuite pour l'aéroport. ⊗ *Via Tunisi 1 • plan B2 • 06 3972 0843 • www. alimandi.com • €€€.*

La Cisterna
Au cœur du Trastevere, dans une rue calme, légèrement retirée. Les chambres sont coquettes. Dans la cour, qui abrite une petite fontaine, les clients peuvent prendre le petit déjeuner et se détendre. ⊗ *Via della Cisterna 7-9 • plan K6 • 06 581 7212 • www.cisternahotel.it • €€.*

Hotel Artorius
Situé dans une des jolies petites rues de Monti, cet hôtel familial est un havre de paix à des tarifs raisonnables. Les chambres spacieuses sont confortables et élégantes. Également un agréable bar-lounge. ⊗ *Via del Boschetto 13 • plan R4 • 06 482 1196 • www. hotelartorius.com • €€.*

B&B Al Centro di Roma
La qualité du service, la propreté et la modicité des prix justifient la réputation de cet établissement de 3 chambres près de la piazza Navona. ⊗ *Piazza Sant'Andrea della Valle • plan L4 • 06 6813 5946 • www.bbal centrodiroma.com • €€.*

Campo de' Fiori
Chaleureux, propre et bien situé. Le toit-terrasse donne sur les toits, les clochers et les coupoles de cet ancien quartier. Miroirs, fresques et le mur ancien apparent composent une décoration qui rappelle que l'édifice date du Moyen Âge. ⊗ *Via del Biscione 6 • plan L4 • 06 6880 6865 • www.hotel campodefiori.com • PC • €€€.*

Carmel
Cette *pensione* démodée et un peu austère possède un atout : sa terrasse recouverte de vigne vierge. La plupart des chambres, modestes, ont un double vitrage. Il y a une cuisine kasher à disposition. ⊗ *Via Goffredo Mameli 11 • plan K6 • 06 560 9921 • www.hotelcarmel.it • €€.*

Smeraldo
Bien situé et d'un excellent rapport qualité/prix, le lieu est richement décoré de marbre, notamment dans l'entrée, en marbre vert émeraude *(smeraldo)*. Les chambres sont propres et simples, quelques-unes possèdent un balcon. Il y a deux terrasses. ⊗ *Vicolo dei Chiodaroli 9-11 • plan M4 • 06 687 5929 • www. smeraldoroma.com • €.*

Trastevere
Cet hôtel modeste possède tout le charme du Trastevere médiéval. Partout la brique est apparente, et les murs sont ornés de peintures. Les chambres donnent sur le marché du quartier. ⊗ *Via L. Manara 24A-25 • plan K6 • 06 581 4713 • hoteltrastevere.net • PC • €€.*

Gauche **Hostel Sandy** Droite **Hostel Alessandro**

🔟 Auberges de jeunesse

1 Colors
Dans une rue calme près de Saint-Pierre. Les chambres sont propres, il y a une cuisine et une terrasse. Le personnel est chaleureux, compétent et polyglotte. Accès Internet gratuit. Des appartements indépendants avec cuisine sont également disponibles. 🚫 *Via Boezio 31 • plan B2 • 06 687 4030 • www.colorshotel. com • pas de carte de paiement • PC • €.*

2 Blue Hostel
Au nord de la gare de Termini, lieu propre avec accès Internet, cuisine, télévision et terrasse. Pas de couvre-feu ni de fermeture le soir. On peut réserver les chambres, mais les dortoirs sont attribués par ordre d'arrivée. Petit déjeuner compris. 🚫 *Via Carlo Alberto 13 • plan F3 • 340 925 8503 • www.bluehostel.it • pas de carte de paiement • €.*

3 Orsa Maggiore for Women's Only
Cette pension du Trastevere propose des dortoirs ou des chambres doubles privées pour femmes uniquement. Spacieuses et tranquilles, vue sur le jardin ou les toits. Café et restaurant bio. 🚫 *Via San Francesco di Sales 1A • plan C4 • 06 689 3753 • www.casainternazionale-delledonne.org. • PC • €.*

4 Hostel Alessandro et Alessandro Downtown
Personnel accueillant. Réception 24h/24, cuisine, accès Internet, pas de couvre-feu, consigne, café et thé gratuits. Plans et informations. Au nord de Termini, près de la via Cavour (Alessandro Downtown). 🚫 *Via Vicenza 42 et via Carlo Cattaneo 23 • plan E2 • 06 446 1958/4434 0147 • www. hostelalessandro.com • AH (au Downtown seul.) • €.*

5 Pensione Ottaviano
À la fois hôtel et auberge, juste à l'extérieur du Vatican. Pas de couvre-feu. Accès Internet, télévision, consignes, informations touristiques et plans. Pas de petit déjeuner. Mêmes propriétaires que l'Hostel Sandy. 🚫 *Via Ottaviano 6 • plan B3 • 06 3973 8138 • www.pensioneotta viano.com • pas de carte de paiement • PC • €.*

6 Hostel Sandy
Dortoirs de 3 à 8 personnes, certains avec réfrigérateurs. Pas de couvre-feu. Consignes, accès Internet gratuit, informations touristiques et plans. 🚫 *Via Cavour 136 • plan E3 • 06 488 4585 • www.sandy hostel.com • pas de carte de paiement • pas de salle de bains privée • PC • €.*

7 B&B Cicerone 28
Près du Vatican, l'appartement situé au dernier étage est simple, propre et tranquille. Les chambres sont basiques avec ou sans salle de bains. Télévision dans la salle du petit déjeuner. 🚫 *Via Cicerone 28 • plan B2 • 06 320 8195 • www.romacicerone28. com • pas de carte de paiement • €.*

8 Agences B&B
Pour trouver un bed and breakfast. 🚫 *B&B Association de Rome : via A Pacinotti 73 • 06 5530 2248 • www.b-b. rm.it*

9 Le Beehive
Un hôtel à l'architecture moderne à proximité de la gare de Termini. Il comporte un dortoir et offre un cadre tranquille grâce à son jardin. Accès Internet et appels nationaux gratuits. 🚫 *Via Marghera 8 • plan K4 • 06 4470 4553 • www. the-beehive.com • €€.*

10 Centro Diffusione Spiritualità
Située à proximité du jardin botanique du Trastevere, cette institution religieuse est sans grand caractère, mais propre et organisée, avec un joli jardin. Couvre-feu à 23 h. 🚫 *Via dei Riari 43-44 • plan J5 • 06 6880 6122 (06 8530 1738) • pas de carte de paiement • PC • €.*

Remarque : sauf indication contraire, les hôtels prennent les cartes de paiement ; les chambres ont une salle de bains et sont climatisées.

Mode d'emploi

Ci-dessus **Residence Palazzo al Velabro**

Résidences et appartements

Santa Chiara
Derrière le Panthéon, cette résidence est merveilleusement située au cœur de Rome. Elle propose 3 appartements avec cuisines équipées pour 2 à 5 personnes. Le plus haut est orné de poutres, d'une cheminée et d'une terrasse avec une très belle vue. ✪ *Via S. Chiara 21 • plan M3 • 06 687 2979 • www. albergosantachiara.com • €€€.*

Residence Palazzo al Velabro
Juste à l'angle de la piazza Venezia, cet élégant palais offre un cadre au luxe raffiné. Les appartements sont indépendants et portent des noms d'empereurs romains, de dieux, de rois ou de poètes. Le personnel est performant. Séjour de 3 jours minimum. ✪ *Via del Velabro 16 • plan N4 • 06 679 2758 • www.velabro.it • AH • €€€.*

Residence Aldrovandi
Hors du centre, un peu après la villa Borghese, dans le quartier résidentiel de Parioli, les clients profitent d'un bel ameublement, du service impeccable et de la piscine de l'hôtel Aldrovandi voisin. Séjour d'une semaine minimum. ✪ *Via Aldrovandi 11 • tramway n° 19 • 06 322 1430 • www.aldrovandi residence.it • AH • €€.*

Residenza Farnese
À deux pas de la piazza Farnese, cette résidence occupe un palais du XVe s. dans un quartier historique. Les appartements sont grands et confortables. C'est un classique. ✪ *Via del Mascherone 59 • plan K4 • 06 6821 0980 • www.residenza farneseroma.it • €€€.*

Residenza Ripetta
Tout proche de la piazza del Popolo, ce couvent du XVIIe s. a été réaménagé et propose un vaste choix d'appartements pour des séjours plus ou moins longs. L'ameublement n'a rien de remarquable mais il est correct, et le personnel est attentionné. Séjour d'une semaine minimum. ✪ *Via di Ripetta 231 • plan D2 • 06 323 1144 • www.ripetta.it • AH • €€.*

Trastevere
Proche de la piazza principale du Trastevere, au cœur du quartier médiéval, ce modeste hôtel propose de petits appartements avec cuisine. Certains donnent sur le marché. ✪ *Via L. Manara 24A-25 • plan K6 • 06 581 4713 • www. hoteltrastevere.net • €.*

Retrome
Retrome joue la carte de la nostalgie avec 10 appartements situés dans les quartiers de la piazza Navona, du Campo de' Fiori et du Colisée. ✪ *Via Marco Aurelio 47 • plan E5 • 06 9555 7334 • www.retrome.net • pas de carte de paiement • €€.*

Villa Tassoni & Vatican Suites
Ces trois manoirs historiques dans le quartier de Prati sont devenus des hôtels résidentiels. Studios ou suites de différentes tailles, toutes propres et pourvues d'une kitchenette. ✪ *Villa Tassoni : viale Medaglie d'Oro 138, plan A2, 06 355 899, www. tassoni.it • Vatican Suites : via Nicolò V 5, plan A3, 06 633 306, www.vatican-suites.com • €€.*

Aurelia Residence San Pietro
Cette résidence luxueuse est habituée à accueillir des familles. Chambres propres et bien décorées. Rue commerçante. ✪ *Via Aurelia 145 • plan D2 • 06 3938 8616 • www.aurelia residence.it • €€.*

Location d'appartements
Les prix dépendent du lieu, de la durée du séjour et du nombre de personnes. ✪ *AT@ HOME : via Margutta 13, 06 3212 0102, www.at-home-italy.com • Rome Sweet Home : via del Corso 300, 06 322 24091, www.romesweet home.it • Cross-Pollinate : 06 9936 9799, www.cross-pollinate.com • €.*

Index

Index

Remerciements

Auteurs :
Reid Bramblett vit régulièrement à Rome depuis son enfance. Il a publié une dizaine de guides sur l'Italie et est également l'auteur du guide *Top 10 Florence et la Toscane*.

Jeffrey Kennedy vit à Rome depuis près de 18 ans. Diplômé de Stanford University, il est à la fois écrivain, producteur et acteur. Il a réalisé et produit des guides pour des musées italiens et a collaboré à l'émission « *Must See Rome* » de Discovery Channel.

Édité par Sargasso Media Ltd, Londres.

Direction éditoriale :
Zoë Ross.
Direction artistique :
Stephen Woosnam-Savage.
Iconographie :
Monica Allende.
Lecture-correction :
Stewart J. Wild.
Collaboration éditoriale :
Mark Livesey.
Photographie :
Demetrio Carrasco.
Photographies d'appoint :
Max Alexander, Foto Carfagna & Associati, Giuseppe Carfagna, Mike Dunning, John Heseltine, Gorka Aduriz Lazaro, James Mc Connachie, Kim Sayer, Solveig Steinhard, Simone Strano.
Illustration :
Chris Orr & Associates.

Chez Dorling Kindersley
Direction artistique :
Marisa Renzullo, Gillian Allan.
Direction de la publication :
Louise Lang, Kate Poole, Helen Townsend.

Cartographie :
Casper Morris.
Informatique éditoriale :
Jason Little.
Fabrication :
Joanna Bull, Marie Ingledew.
Design et assistance éditioriale :
Beverley Ager, Rachel Barber, Michelle Crane, Nicolas Erdpresser, Anna Freiberger, Katharina Hahn, Amy Harrison, Gerard Hutching, Integrated Publishing Solutions, Priya Kukadia, Leonie Loudon, Carly Madden, Nicola Malone, Sonal Modha, Marianne Petrou, Quadrum Solutions Pvt, Pete Quinlan, Rada Radojicic, Ellen Root, Marta Bescos Sanchez, Annie Shapero, Ellie Smith, Solveig Steinhard.
Plans :
Dominic Beddow, Simonetta Giori (Draughtsman Ltd).

Remerciements particuliers :
Les auteurs tiennent à remercier pour leur aide Rob Allyn, Giulia Bernardini, Gianluca Borghese, Jeff Burden, Jolie Chain, Diletta Donati, Elizabeth Geoghegan, Suzanne Hartley, Hanja Kochansky, Clark Lawrence, Adrian McCourt, Roberta Mencucci, Odile Morin, Ruth Morss, Maria Giovanna Musso, Frances Nacman, Claudio Nigro, Elaine O'Reilly, Rachel Potts, Aloma Valentini, Lila Yawn.

Crédits photographiques
h = en haut ; hc = en haut au centre ; hd = en haut à droite ; cgh = au centre à gauche en haut ; ch = au centre en haut ; cdh = au centre à droite en haut ; cg = au centre à gauche ; c = au centre ; cd = au centre à droite ; cgb = au

centre à gauche en bas ; cb = au centre en bas ; cdb = au centre à droite en bas ; bg = en bas à gauche ; bc = en bas au centre ; bd = en bas à droite.

Malgré tout le soin que nous avons apporté à dresser la liste des photographies publiées dans ce guide, nous demandons à ceux qui auraient été involontairement omis de bien vouloir nous en excuser. Cette erreur serait corrigée à la prochaine édition de l'ouvrage.

L'éditeur souhaite exprimer sa reconnaissance aux particuliers, sociétés et photothèques qui ont autorisé la reproduction de leurs photographies :

AFP, Londres : 66b ; AISA, Barcelona : 6hd, 8-9c, 9h ; AKG, Londres : 28b, 38hg, 38hd, 39h, 41d, 48hg, 56c, 57d, 58hg, 58hd, 112hg, *La Création d'Adam et Ève* de Michel-Ange Buonarroti 10hg, *Le Prophète Ézéchiel* de Michel-Ange Buonarroti 10hd, *Le Péché originel* de Michel-Ange Buonarroti 11c, *Épisodes de la jeunesse de Moïse* de Sandro Botticelli 11b, *L'École d'Athènes* de Raphaël 48b, Hilbich 7bd, 36-37c, Erich Lessing 19ch, 30b, 31c, 38b, 39d, *Vocation de saint Matthieu* du Caravage 49h, Jean-Louis Nou 31b ; ALAMY IMAGES : Glyn Thomas 54hd ; ALEXANDERPLATZ 147hd ; THE ART ARCHIVE : museo capitolino Rome/ Dagli Orti 24c.

BABINGTON'S ENGLISH TEA ROOM : 116hg, 116hd. BRIDGEMAN ART LIBRARY : 24ch, 56hg, galleria Borghese : *L'Amour sacré et l'Amour profane* de Titien 1515 6b, 21b, *Apollon et Daphné* du Bernin 20b, Pinacoteca capitolina, Palazzo Conservatori : *Diseuse de bonne aventure* du Caravage 27h, Library of Congress 56hd, Musée Keats et Shelley, Rome 57bg, Palazzo Massimo alle Terme 29cd, 30hd, Santa Maria del Popolo : *Crucifixion de saint Pierre* du Caravage 32b, Spirito Santo Prato 67d.

CORBIS : 25ch, 89-81c ; IL CONVIVIO : 89hg ; CROCE BIANCA ITALIANA : 169hd.

IL DAGHERROTIPO, Rome : Giovanni Rinaldi 66hg, 67c, 165hd ; Marco Ravasini 130hg.

JACKIE GORDON : 169hg.

LIBRERIA BABELE : Gioris Guerrini 105hg ; LIBRERIA RINASCITA : 105hd.

MARKA, Milan : Roberto Benzi 168hc ; MAXXI : Roberto Galasso 152bd.

NEW IMAGE S.R.L. : 68hd, 111hg.

PA PHOTOS : Epa/Ansa/Luciano del Castillo 66hd.

SCALA : 7ch, 19b, 20ch, 21h, 21c, 28c, 28-29c, 29h, 29ch, 29b, 30hg, 36h, 36cg, 36b, 37h.

Couverture :
Première de couverture : *Vue de Rome* © Bildagentur Waldhaeus/ AGE Fotostock.
Quatrième de couverture : DK Images/Mike Dunning (bg), DK Images (bd).

Toutes les autres illustrations : © Dorling Kindersley. Pour de plus amples informations, consultez **www.dkimages.com**

Remerciements

Lexique

En cas d'urgence

Au secours !	**Aiuto !**
Stop !	**Ferma !**
Appelez un médecin	**Chiama un medico**
Appelez une ambulance	**Chiama un' ambulanza**
Appelez la police	**Chiama la polizia**
Appelez les pompiers	**Chiama la pompieri**

L'essentiel

Oui/Non	**Si/No**
S'il vous plaît	**Per favore**
Merci	**Grazie**
Excusez-moi	**Mi scusi**
Bonjour	**Buongiorno**
Au revoir	**Arrivederci**
Bonsoir	**Buona sera**
Quoi ?	**Che ?**
Quand ?	**Quando ?**
Pourquoi ?	**Perchè ?**
Où ?	**Dove ?**

Phrases utiles

Comment allez-vous ?	**Come sta ?**
Très bien, merci	**Molto bene, grazie**
Ravi de faire votre connaissance	**Piacere di conoscerla**
C'est parfait	**Va bene**
Où est/sont… ?	**Dov'è/ Dove sono… ?**
Comment aller à… ?	**Come faccio per arrivare a… ?**
Parlez-vous français ?	**Parla francese ?**
Je ne comprends pas	**Non capisco**
Je suis désolé	**Mi dispiace**

Les achats

Combien cela coûte-t-il ?	**Quant'è, per favore ?**
Je voudrais…	**Vorrei…**
Avez-vous… ?	**Avete… ?**
Acceptez-vous les cartes de crédit ?	**Accettate carte di credito ?**
À quelle heure ouvrez/ fermez-vous ?	**A che ora apre/ chiude ?**
Ceci	**questo**
Cela	**quello**
Cher	**caro**
Bon marché	**a buon prezzo**
Taille (vêtements)	**taglia**
Pointure	**numero**
Blanc	**bianco**
Noir	**nero**
Rouge	**rosso**

Jaune	**giallo**
Vert	**verde**
Bleu	**blu**

Commerces

La boulangerie	**il forno /il panificio**
La banque	**la banca**
La librairie	**la libreria**
La pâtisserie	**la pasticceria**
La pharmacie	**la farmacia**
La charcuterie	**la salumeria**
Le grand magasin	**il grande magazzino**
L'épicerie	**alimentari**
Le coiffeur	**il parrucchiere**
Le glacier	**la gelateria**
Le marché	**il mercato**
Le kiosque à journaux	**l'edicola**
La poste	**l'ufficio postale**
Le supermarché	**il supermercato**
Le bureau de tabac	**il tabaccaio**
L'agence de voyages	**l'agenzia di viaggi**

Le tourisme

La pinacothèque	**la pinacoteca**
L'arrêt de bus	**la fermata dell'autobus**
L'église	**la chiesa**
La basilique	**la basilica**
Fermé les jours fériés	**chiuso per ferie**
Le jardin	**il giardino**
Le musée	**il museo**
La gare	**la stazione**
L'office du tourisme	**l'ufficio del turismo**

À l'hôtel

Avez-vous une chambre de libre ?	**Avete camere libere ?**
Une chambre double	**una camera doppia**
avec un grand lit	**con letto matrimoniale**
Une chambre à deux lits	**una camera con due letti**
Une chambre pour 1 personne	**una camera singola**
Une chambre avec bains, douche	**una camera con bagno, con doccia**
J'ai réservé une chambre	**Ho fatto una prenotazione**

Au restaurant

Avez-vous une table pour… ?	**Avete un tavolo per… ?**
J'aimerais	**Vorrei riservare**

réserver une table	un tavolo
le petit déjeuner	colazione
le déjeuner	pranzo
le dîner	cena
l'addition	il conto
la serveuse	cameriera
le serveur	cameriere
le menu	l menù a
à prix fixe	i prezzo fisso
le plat du jour	piatto del giorno
entrée	l'antipasto
le premier plat	il primo
le plat principal	il secondo
les légumes	contorni
le dessert	il dolce
le couvert	il coperto
la carte des vins	la lista dei vini
le verre	il bicchiere
la bouteille	la bottiglia
le couteau	il coltello
la fourchette	la forchetta
la cuillère	il cucchiaio

Lire le menu

acqua minerale	l'eau minérale
gassata/ naturale	gazeuse/ plate
agnello	l'agneau
aglio	l'ail
al forno	au four
alla griglia	grillé
la birra	la bière
la bistecca	le steak
il burro	le beurre
caffè	le café
la carne	la viande
carne di maiale	le porc
la cipolla	l'oignon
fagioli	les haricots
formaggio	le fromage
le fragole	les fraises
fritto misto	la friture
la frutta	le fruit
frutti di mare	les fruits de mer
funghi	les champignons
gamberi	les crevettes
gelato	la glace
insalata	la salade
latte	le lait
manzo	le bœuf
olio	l'huile
pane	le pain
le patate	les pommes de terre
le patatine fritte	frites
pepe	le poivre
pesce	le poisson
pollo	le poulet

Il pomodoro	la tomate
Il prosciutto cotto/crudo	le jambon cuit/cru
Il riso	le riz
Il sale	le sel
Il succo d'arancia/ di limone	le jus d'orange de citron
Il tè	le thé
La salsiccia	la saucisse
La torta	le gâteau, La tarte
L'uovo	l'œuf
Vino bianco	le vin blanc
Vino rosso	le vin rouge
Le vongole	les moules
Lo zucchero	le sucre
La zuppa	la soupe

Les nombres

1	uno
2	due
3	tre
4	quattro
5	cinque
6	sei
7	sette
8	otto
9	nove
10	dieci
11	undici
12	dodici
13	tredici
14	quattordici
15	quindici
16	sedici
17	diciassette
18	diciotto
19	diciannove
20	venti
30	trenta
40	quaranta
50	cinquanta
60	sessanta
70	settanta
80	ottanta
90	novanta
100	cento
1 000	mille
2 000	duemila
1 000 000	un milione

Le jour et l'heure

Une minute	un minuto
Une heure	un'ora
Un jour	un giorno
lundi	lunedì
mardi	martedì
mercredi	mercoledì
jeudi	giovedì
vendredi	venerdì
samedi	sabato
dimanche	domenica

Index des rues principales